Título original inglês: The Won Thing
© 2009 by Peggy McColl
Originally published in 2009 by Hay House Ltd, USA
All rights reserved.

Direitos da edição em Português © 2010
Editora Vida & Consciência Ltda.
Todos os direitos reservados.

Capa e Projeto Gráfico: Fernando Capeto
Diagramação: Andreza Bernardes
Tradução: Paulo Afonso
Preparação e Revisão: Editorial Vida e Consciência

1ª edição
dezembro 2010
3.000 exemplares

Dados Internacionais de Catalogação na Publicação (CIP)
(Câmara Brasileira do Livro, SP, Brasil)

McColl, Peggy
A solução : o segredo para uma vida plena / Peggy McColl ; [tradução Paulo Afonso]. - São Paulo : Centro de Estudos Vida & Consciência Editora.

Título original: The Won Thing
ISBN 978-85-7722-115-8

1. Autorrealização 2. Conduta de vida 3. Meta (Psicologia) 4. Sucesso I. Título.

10-08911   CDD-158.1

Índices para catálogo sistemático:
1. Autorrealização : Desenvolvimento pessoal : Psicologia 158.1

Publicação, distribuição, impressão e acabamento
Centro de Estudos Vida & Consciência Editora Ltda.
Rua Agostinho Gomes, 2312
Ipiranga — CEP 04206-001
São Paulo — SP — Brasil
Fone/Fax: (11) 3577-3200 / 3577-3201
E-mail: grafica@vidaeconsciencia.com.br
Site: www.vidaeconsciencia.com.br

Proibida a reprodução total ou parcial desta obra, de qualquer forma ou por qualquer meio eletrônico, mecânico, inclusive através de processos xerográficos, sem permissão expressa do editor (Lei nº 5.988, de 14/12/73).

A SOLUÇÃO

O segredo para uma vida plena

PEGGY MCCOLL

PEGGY MCCOLL

Autora relacionada na lista de *best-sellers* do **New York Times**, especialista reconhecida mundialmente na área da conquista de objetivos.

Peggy McColl, nos últimos 25 anos, tem inspirado indivíduos, atletas profissionais e organizações a atingir suas metas e desenvolver seu potencial ao máximo. Ela é fundadora e presidente da **Dynamic Destinies, Inc.**, organização que treina escritores, empresários, líderes corporativos e funcionários diversos para implementar metas de acordo com as mais modernas e atraentes técnicas e estratégias.

*Para a pessoa que significa tudo
pra mim: meu filho Michel.*

SUMÁRIO

Prefácio 09
Introdução 11

A SOLUÇÃO ENTRE O PODER E O TER

Venha me salvar 17
Pense nisto, seja isto 26
Meeetas!!! 37
Faça aos outros 52
Obrigado! 65
Cortando os "tês" e colocando os pingos nos "is" 76
Feliz para sempre 87
A solução 97

FAZENDO O UNIVERSO TRABALHAR A SEU FAVOR

Alinhe seu propósito 106
Três passos para criar sua fórmula vencedora 117
Trabalhando com os outros para criar a vida que você deseja 127

Agradecimentos 134

PREFÁCIO

Quando li o manuscrito de **A solução**, para sentir a essência do livro, senti-me mais ligado a Peggy do que nunca. Eu a conheci há alguns anos, por intermédio de amigos comuns, e ambos fazemos parte de um pequeno grupo de escritores que se reúne semanalmente para arquitetar meios de ajudarmos uns aos outros a divulgar em todo o mundo nossas mensagens de esperança e sucesso.

O que descobri ao ler é que toda pessoa bem-sucedida aprende seus segredos por meio de passos pequenos, simples e regulares, e não como resultado de alguma coisa *grandiosa*, que ocorra de modo repentino.

Muitos desses princípios têm sido passados de geração a geração, mas muita gente não aplica o que aprende — apenas acumula informações sem nunca transformá-las em ação. No meu entender, ação gera atração; e executar as coisas na ordem certa faz toda a diferença do mundo.

Peggy enfrentou os mesmos problemas que todos enfrentam, mas decidiu superar os desafios para se tornar o tipo de pessoa que cresce, aprende e age, independentemente das circunstâncias.

A atitude de *não importa o que aconteça* parece ser um traço comum entre as pessoas muito bem-sucedidas, e Peggy, com certeza, tem essa atitude. Ao longo do livro, senti que qualquer um pode alcançar o sucesso seguindo as ideias dela.

Embora o título deste livro impressionante prometa *A solução*, sua maior virtude está na simplicidade em nos ensinar a pensar e agir de forma diferenciada. Se é verdade que o sucesso deixa pistas, este livro contém orientações que qualquer pessoa pode aprender e aplicar imediatamente, de modo a turbinar sua vida e impulsioná-la para o sucesso. Peggy sintetizou anos de pesquisas e aplicações práticas de suas próprias ideias em um livro fácil de ler e de entender. E o mais importante: traz informações que qualquer um pode usar.

Milhares de pessoas, no mundo inteiro, já me perguntaram o que é preciso para se alcançar o sucesso. Posso dizer honestamente que a resposta é bem simples: pense e faça algumas coisas decisivas todos os dias — coisas que assegurem o sucesso —, e pare de sabotar a si mesmo mediante pensamentos e ações que provocam caos e destruição em sua vida.

Cada capítulo deste livro abrirá seu coração para um mundo de possibilidades e lhe mostrará um caminho para o patamar de sucesso que você sabe que pode atingir.

Eu sinto que Peggy realmente aplica o que escreve, e que a vida dela se tornou uma obra-prima de suas ideias. Conquiste um sucesso de cada vez como se estivesse montando um lindo quebra-cabeça. *A solução* lhe fornece todas as peças e instruções para que você crie sua própria obra-prima.

Recomendo que você leia este livro, aplique o que aprender e divida seus conhecimentos com as pessoas que você ama.

John Assaraf
Autor americano na lista de *best-sellers do New York Times* e apresentador do vídeo
O Segredo; fundador da *OneCoach*, firma americana de consultoria
para o desenvolvimento de pequenos negócios.

INTRODUÇÃO

Sentada no chão da cozinha, encostada na máquina de lavar louças, eu olhava para a frente e só via as lágrimas que enchiam meus olhos. O que fazer? Mãe solteira, eu tentava obter sucesso como empresária, mas minha vida se tornara uma bagunça: eu estourara o orçamento, não tinha nenhum rendimento há meses, estava quase sem dinheiro e crédito, temia não conseguir pagar as contas e não sabia quando poderia acertar as mensalidades da hipoteca. Sentia-me no fundo do poço. Onde encontraria forças para me levantar do chão? O estresse e as exigências da vida me deixavam exausta. Eu precisava encontrar uma solução simples para meus problemas, algo que me tirasse daquela prisão de tristeza e medo, e me restituísse a alegria, a satisfação e a prosperidade.

Evidentemente, acabei encontrando forças para me levantar e seguir adiante... e esta é a razão de ter escrito este livro. Ao longo do caminho, descobri o que chamo de *A solução* — a única coisa capaz de me permitir vencer na vida e conseguir o que quero. Foi uma descoberta tão importante que me senti na obrigação de partilhá-la com outras pessoas.

Eu acreditava que a vida era como aquele jogo chamado Banco Imobiliário, com o qual nos divertíamos quando éramos crianças. Movíamos nossos pinos de plástico pela trilha serpenteante acumulando dinheiro e pontos. Era um jogo inteligente, que visava nos ensinar uma fórmula para viver bem, exigindo que tomássemos decisões ao longo do caminho. Depois de jogar algumas vezes, descobri algumas estratégias vencedoras. Caso fosse esperta e tivesse sorte, poderia contar as peças e me sentir vitoriosa no final do jogo.

Mas eu estava determinada a aprender o segredo para vencer no jogo da vida real.

AS GRANDES PERGUNTAS

Em algum ponto da vida, todo ser humano pergunta a si mesmo: como posso fazer para a vida trabalhar a meu favor? Como posso acabar com meu desconforto e sofrimento? Fazer tais perguntas é o primeiro passo de uma jornada de autodescoberta, em que aprendemos sobre nós mesmos e nosso relacionamento com as outras pessoas — que estão em suas próprias jornadas. Quanto mais investigamos, mais começamos a perceber que a vida não é uma questão de evitar a dor, e sim, de saber o que desejamos para nós mesmos e fazer com que isso aconteça.

Se fôssemos chimpanzés, peixinhos dourados ou cacatuas, não faríamos grandes perguntas sobre felicidade, objetivos e significados; não criaríamos sofrimento emocional para nós mesmos, nem pensaríamos em tornar nossa vida melhor. Simplesmente passaríamos os dias comendo e dormindo, sem nenhuma sensação de que nossa vida poderia servir a um propósito maior. A vida consistiria em cuidarmos da própria subsistência — como todos os outros animais — sem nenhum projeto para a conquista da felicidade e do sucesso.

Mas o fato de sermos humanos significa que procuramos alívio para nosso sofrimento e respostas que nos mostrem como poderemos nos sentir alegres, realizados e em paz, tal como os animais. Queremos ter a empolgação de um cachorro brincando com uma bola. Entretanto, pensamos muito mais sobre passado e futuro que os bichos. Portanto, ansiamos pelo que perdemos, e sofremos por não possuirmos certas coisas. Nossa mente cria pensamentos sobre nossas experiências, e esses pensamentos geram poderosas emoções, que reforçam nossas crenças.

Naturalmente, é doloroso perder alguma coisa ou alguém importante para nós. Mas, ao pensarmos que jamais iremos recuperar o que perdemos, e de como é horrível estarmos privados daquela pessoa ou situação, criamos sofrimento para nós mesmos. Saltamos para o que deveria ser e para o que deveria ter sido, e nos afastamos do momento presente. Enquanto um cachorro, ao brincar, concentra-se totalmente no que está fazendo, nossa mente perambula em todas as direções, formulando pensamentos que produzem sensações dolorosas.

Mesmo quando não estamos sentindo a dor de uma perda, nossa mente está ocupada desenvolvendo opiniões inquietantes. Não gostamos de fazer a mesma coisa todos os dias. Somos programados para sermos curiosos e para lutarmos pela autorrealização. Desejamos uma vida mais interessante e significativa. Queremos sentir que somos importantes, que o mundo não seria o mesmo se nós não estivéssemos nele. Queremos contribuir de forma duradoura, seja criando algo que permaneça depois de nosso fim, ou amando as pessoas tão profundamente que elas se lembrem de nós com um enorme sorriso depois que desaparecermos.

Quando fazemos perguntas e perseguimos nossas metas, procuramos respostas dentro e fora de nós mesmos. Aprendemos com os outros; aprendemos com nossas próprias experiências; aprendemos com livros, seminários, professores e instrutores; aprendemos, dolorosamente, com os erros que cometemos. Recebemos diversas mensagens — algumas contraditórias — a respeito de como deveríamos conduzir nossa vida e qual seria o caminho correto para alcançarmos a felicidade, a autorrealização e a sensação de que ela tem significado.

Nesta era da informação, somos bombardeados o tempo todo com ideias e opções. É massacrante a quantidade de orientações, conselhos, oportunidades e possibilidades que recebemos todos os dias. Até mesmo escolher um cereal, no supermercado, pode ser uma tarefa opressiva. Ao olharmos as prateleiras, vemos uma parede formada por caixas de todas as marcas, formas e tamanhos — como descobrir o que fazer com nossa vida se não somos capazes de tomar uma decisão em assunto tão insignificante? Muitos de nós gostaríamos de simplificar as coisas. Gostaríamos de encontrar uma chave que amenizasse nosso desconforto e nos desse uma sensação de bem-estar; e que nos fizesse pensar que estamos vivendo de forma pura e autêntica, conforme nossos valores mais profundos.

MINHA BUSCA PELA CHAVE DO TRIUNFO

Quando jovem, eu desejava encontrar o caminho para o sucesso pessoal: a chave que me libertaria da minha prisão de mágoas, levando-me a uma vida melhor e mais gratificante. Iniciei então uma viagem de três décadas que me levou de seminários de fins de semana a retiros de uma semana. Foi uma época de introspecção e descobertas, em que devorei livros de autoajuda, ouvi inúmeras gravações de palestras motivacionais, escrevi e recitei afirmações, formulei uma declaração de objetivos e prometi me aprimorar diariamente, esforçando-me ao máximo para fazer minha vida funcionar melhor.

Eu, de fato, acreditava que minha determinação para permanecer na trilha do autoaperfeiçoamento me colocaria na via expressa do sucesso. Mesmo assim, queria progredir mais rápido, deixando meus problemas para trás, comendo cada vez menos poeira no espelho retrovisor. Percebi então que meu veículo, *eu mesma*, era o que estava me travando. Eu teria de turbinar o carro. Se pudesse me transformar numa Lamborghini, voaria pela rodovia do sucesso a caminho da perfeição.

O que me faltava, ou assim me parecia, era algo que me transformasse radicalmente e, consequentemente, mudasse minha vida. Eu tinha certeza de que existia uma chave para isso e, se a procurasse o suficiente, eu a encontraria. Descobri-la me permitiria dizer adeus, de uma vez por todas, a uma vida de incertezas, confusões, infelicidade e baixa autoestima — nunca mais me sentiria oprimida por problemas. Sem falhas, aerodinâmica, eu zuniria pela estrada e logo chegaria ao meu paraíso pessoal, um lugar onde ficaria tranquila. Meu destino era um ponto, em algum lugar no futuro, onde me sentiria permanentemente feliz, satisfeita, livre de canseiras e tristezas.

Este livro é a história da minha busca. Dentro destas páginas, eu compartilho a sabedoria que absorvi de meus muitos professores e instrutores motivacionais. Explico o que sei a respeito de algumas das mais louvadas terapias contra a infelicidade e a ausência de sucesso, e como todas essas poções mágicas me ofereceram coisas maravilhosas, mas não a chave que me levou até onde eu queria ir.

Depois de longa busca, encontrei a solução, e vou lhe dizer qual é. Mas, primeiramente, para que você lhe dê o devido valor e a use corretamente, vou lhe pedir que embarque em uma viagem. Não vou exigir que você comprometa trinta anos de sua vida, incontáveis finais de semana e rios de dinheiro, como eu fiz. Só lhe peço que acompanhe a história da minha própria experiência, conheça as lições que aprendi e comece a pensar em como aplicá-las na sua própria vida. Sei que, se você caminhar junto comigo por um curto período, entenderá melhor o título deste livro.

Portanto, traga sua curiosidade e sua disposição para efetuar mudanças em sua vida e venha comigo. Espero ser uma boa companheira de viagem que possa diverti-lo com minhas histórias. E prometo que, ao final, você entenderá por que o levei por tantos desvios e estradas secundárias até o ponto de destino: *A solução*.

VENHA ME SALVAR!

"Ninguém vai aparecer para salvar você." Qual a cor do seu paraquedas?

Nelson Bolles

Assim como muita gente, eu sonhava que um dia apareceria alguém que resolvesse todos os meus problemas. Eu era jovem e estávamos na década de 1970, quando o movimento feminista começava a despertar as pessoas para a ideia de que as mulheres não precisariam, necessariamente de um homem para serem felizes. Pessoalmente, eu não concordava com uma popular camiseta que dizia: "uma mulher sem um homem é como um peixe sem uma bicicleta". Afinal de contas, quando me apaixonei pelo meu primeiro namorado, ainda no segundo grau, eu andava pelas ruas em estado de graça. Minha vida parecia completa... até o dia em que ele terminou comigo e eu mergulhei nas profundezas do desespero. Sendo apenas uma adolescente, achei que era o fim do mundo. Do modo como eu via as coisas, ele me amava, e isso significava que eu merecia ser amada. Quando ele me deixou, bem, isso só poderia significar que, de alguma forma, eu já não merecia ser amada.

Evidentemente, ao ficar mais velha, percebi que teria outros namorados. Os relacionamentos seguintes me ensinaram que, depois que desaparece a paixão estonteante, todos os casais enfrentam desafios.

Descobri também que ainda era capaz de amar e de ser amada, mas que um parceiro romântico não era, afinal de contas, a resposta para todos os meus problemas.

Por algum tempo, acreditei que minha carreira seria a resposta: se ganhasse rios de dinheiro e alcançasse o sucesso, eu estaria a salvo da infelicidade. Então, desde a adolescência, trabalhei duro em diversas atividades, de secretária a demonstradora de computadores, passando por vendedora. Comprei meu próprio apartamento e um bom carro. Estava indo muito bem, sobretudo se considerarmos que começara sem dinheiro nenhum, não pertencia a uma família importante e não tinha um diploma de peso (na verdade, nunca frequentei uma faculdade). Achei que reunira todas as peças capazes de proporcionar uma vida gratificante e maravilhosa. Então, por que me sentia tão inquieta? Aquela ânsia por alguém ou alguma coisa que me libertasse das aflições emocionais não desaparecia.

Naquela época, eu era insegura em meus relacionamentos. Ganhava um bom dinheiro, mas era comum me sentir insatisfeita nos empregos, pensava: quando vou conseguir endireitar minha vida? Realmente acreditava que havia alguma coisa, em algum lugar, que acabaria com meu sofrimento e me ajudaria a vencer o jogo da vida. Precisava descobrir a estratégia secreta para o sucesso pessoal.

Seja um parceiro romântico, uma carreira bem-sucedida ou a sorte grande na loteria, o que a maioria das pessoas deseja é um antídoto para a infelicidade. A ideia de uma solução rápida ou uma receita de alívio imediato pode ser bastante atraente. Frequentemente, quando estamos com uma gripe ou um resfriado forte, somos tentados a comprar aquele remédio que, na prateleira da farmácia, promete alívio para todos os sintomas possíveis, inclusive alguns que não temos! Queremos apenas nos livrar do desconforto e do mal-estar.

Dor e sofrimento são grandes estimulantes para a busca do remédio perfeito — seja o amor, a carreira ou o dinheiro. Estamos simplesmente à procura de algo que cure nossa solidão, insegurança, infelicidade, medo e incertezas.

O PRÍNCIPE ENCANTADO ME SALVARÁ

Os seres humanos são criaturas sociais, portanto, tentamos nos ligar a outras pessoas e aprofundamos nossos relacionamentos quando nos sentimos sozinhos. Mas podemos experimentar a sensação de solidão mesmo cercados de gente. Trata-se de uma emoção criada dentro de nós mesmos em resposta a padrões de pensamento doentios e distorcidos. Por exemplo: quando nós, mulheres, estamos inseguras, acreditando que somos inadequadas e mesmo indignas de amor, alguém pode nos dizer: você é linda e maravilhosa, e nós pensamos: como ele pode ser tão cego? É claro que eu não sou! Nenhum elogio, de ninguém, vai recuperar nossa autoestima se não mudarmos nossa atitude mental e nossas emoções. Nossa capacidade para sabotar a nós mesmos e nossa insistência em continuar sofrendo não é brincadeira. Há modelos que aparecem em capas de revistas e acham que não são bonitas!

A ânsia de escapar aos sentimentos angustiantes nos leva a relacionamentos fortuitos e casamentos totalmente inadequados. O anel em nosso dedo parece dizer que merecemos ser amados, mas tal sentimento não dura muito. O que não entendemos é que nada fora de nós poderá *fazer* com que nos sintamos bem. Temos de fazer isso nós mesmos.

Naturalmente, se você tiver um monte de amigos, boas relações com os parentes, vizinhos maravilhosos e um parceiro gentil e romântico, é muito mais fácil sentir-se amado e apoiado do que se não tiver essas pessoas em sua vida. Mas caso esteja se sentindo mal, embora rodeado por gente que gosta de você, é hora de parar de procurar o salvador que vai levá-lo para uma vida melhor. Você precisa começar a gerar pensamentos mais sadios e emoções mais positivas.

Quando tinha meus vinte anos, meus relacionamentos não duravam muito. Eu ainda me agarrava à ideia de que o homem perfeito seria um cavaleiro numa armadura brilhante. Embora não reconhecesse o fato, na época, a desconfiança e o ciúme me tornavam retraída. Quando minhas desconfianças e retraimento emocional arruinavam o relacionamento, eu terminava o namoro. Tendo sido rejeitada uma vez, eu não queria passar por aquilo de novo! Pensei que minimizaria meu sofrimento se fosse eu quem terminasse o romance, mas essa estratégia nunca funcionou muito bem. Eu me sentia triste e vazia depois que o relacionamento terminava. Só me recuperava quando encontrava outro possível homem ideal. Então fazia tudo para namorá-lo, depois me retraía, sentia ciúmes. E tudo começava novamente.

Eu não percebia que o poder de enfrentar meus problemas estava dentro de mim, — pois os próprios problemas me mantinham eternamente em busca de um homem que me fizesse sentir bem comigo mesma. Estava ocupada demais observando meus defeitos e esperando ser resgatada.

O PARAQUEDAS PERFEITO

Na década de 1980, as mulheres, que nunca haviam sido numerosas na força de trabalho, começaram a sonhar em ter carreiras. Nós não queríamos simplesmente um emprego; queríamos sentir que éramos independentes, competentes e realizadas com nosso trabalho. Estávamos ansiosas para provar que éramos capazes de fazer tudo o que um homem podia fazer. Acreditávamos que também poderíamos encontrar a fórmula para vencer na vida. Uma boa posição em uma grande firma parecia um bom começo. Assim como muitas pessoas, eu lia livros como *Qual a cor do seu paraquedas?* E formulava estratégias para descobrir a profissão perfeita que me livraria dos sentimentos de impotência e infelicidade.

Nós, as damas, provavelmente, deveríamos ter escutado os homens, que nos avisavam que nem toda oportunidade profissional conduz a uma grande carreira; que é preciso um bocado de trabalho duro e perseverança para progredir e, se realmente progredirmos, descobriremos que mesmo as melhores atividades têm suas falhas. Como muitas mulheres da época, eu idealizava o trabalho. Gostava de ter meu próprio dinheiro e possuía uma forte ética profissional. O sucesso fez eu me sentir melhor comigo mesma e, como um bom emprego conduz facilmente a outro, eu alimentava grandes esperanças de realização profissional. No entanto, apesar de gostar do que fazia, logo descobri que nenhum emprego podia me resgatar da baixa autoestima e de uma sensação de perda.

Muitos indivíduos se tornam viciados no trabalho, sacrificando todos os objetivos pessoais — como ter uma família unida ou dispor de tempo para doar à própria comunidade —, pois sentem necessidade de provar seu valor. A crença de que *eu não sou bom o bastante* os mantêm em movimento. Mas por mais dinheiro que ganhem, por mais prestigioso que seja seu cargo ou por mais louvores que recebam, ainda se sentem tristes e inadequados.

E há os que acham que suas inseguranças os impedem de prosperar na carreira: não obtêm a promoção que desejam e, em vez de olharem honestamente para si mesmos, de modo a descobrir o que poderiam fazer diferente, apenas se sentem pior. Estes também anseiam pela resposta perfeita; e pensam que, se pudessem dar uma reviravolta na carreira, parariam de sentir tristeza, inveja e frustração, e se veriam como vencedores.

Atualmente, sou uma empresária que ajuda autores e outros profissionais a alcançarem seus objetivos usando técnicas mercadológicas pela internet. E tenho notado que algumas das pessoas que fazem meus cursos mantêm expectativas de sucesso completamente irreais. Acreditam que, caso se tornem escritores de sucesso, isso aliviará seus dolorosos sentimentos de inadequação — mas não querem fazer o trabalho necessário. Muitos aspirantes a escritor desejam divulgar suas mensagens, mas, além disso, veem no sucesso uma forma de escapar da sensação de fracasso. Não percebem que o único modo de se livrar dessa sensação é começar a *viver* o sucesso, independentemente do que aconteça. Para se tornarem vencedores, precisarão, antes de mais nada, *sentir-se* como vencedores.

Todos nós temos o poder de modificar nossas emoções, criando os sentimentos que alimentarão nossos sonhos. Se nos sentirmos bem-sucedidos, poderemos gerar sucesso; mas, se não nos sentirmos bem-sucedidos, não seremos capazes de fazer nossa carreira trabalhar por nós.

Com demasiada frequência, esperamos que nossa profissão nos salve, pois acreditamos que com o sucesso virá o dinheiro — e que se tivermos bastante dinheiro, nossos problemas irão embora.

O DINHEIRO ME SALVARÁ

Já fui rica e já fui pobre. Não vou mentir dizendo que gostaria de voltar a ser pobre! Dinheiro é energia e, se usado sabiamente, pode melhorar a vida de diversas formas. Por exemplo, quando minha mãe contraiu uma doença fatal, eu sentia uma dor enorme ao pensar em perdê-la. Meus recursos financeiros, no entanto, permitiram que eu passasse um tempo considerável longe do trabalho e fizesse companhia a ela — o que tornou a situação mais suportável. Fiquei muito agradecida por dispor desses recursos. Mas a certa altura da vida, como muita gente, achei que

22

o dinheiro era a resposta para todos os meus problemas, que o dinheiro acabaria de forma mágica com todos os meus sofrimentos.

Minha amiga Anick costuma dizer: "se todos pendurassem os problemas em uma corda, como fazem com as roupas, não haveria corda que chegasse". Quando fui orientadora particular, tive clientes que enfrentavam situações dificílimas — desde cônjuges infiéis, passando por filhos muito doentes, até problemas financeiros acachapantes. Mas muitos deles viviam em casas adoráveis, com jardins meticulosamente bem-tratados.

O sucesso também pode trazer novas responsabilidades e tensões, para os quais muitos indivíduos não estão preparados. Podem descobrir, por exemplo, que alguns de seus mais queridos amigos e parentes, além de enciumados, acham que têm direito a uma parcela da nova riqueza. Ou se sentem na obrigação de manter suas atividades — apesar de exaustos e precisando de uma pausa — porque seus empregados estão contando com eles. Os problemas que tinham antes, por sua vez, não são necessariamente resolvidos pelo afluxo de dinheiro — que pode até torná-los mais complicados.

Ter pouco ou nenhum dinheiro também pode ser, é claro, algo extremamente estressante. Uma robusta conta bancária ou uma sólida carteira de ações podem parecer um perfeito libertador. Muitas pessoas pensam obsessivamente em tudo o que poderiam fazer se tivessem dinheiro, mas não pensam no que poderiam fazer para melhorar sua situação no atual momento.

Quando você se concentra no que lhe falta e não mantém uma atitude positiva, o dinheiro geralmente não aparece. E, se aparecer, traz outros problemas na bagagem. Repito que, para resolver problemas financeiros, você precisa antes de tudo gerar crenças positivas dentro de si mesmo, independentemente de suas circunstâncias. *Você precisa se sentir rico para se tornar rico.*

O que quase todos os indivíduos desejam, embora sem perceber, não é riqueza — e sim, dinheiro suficiente para atingirem suas metas e se sentirem satisfeitos, em vez de estressados ou preocupados. Mas qualquer um pode sentir emoções positivas, não importa quanto dinheiro tenha! O dinheiro pode parecer um santo remédio; porém, quanto mais as pessoas entendem o que é a verdadeira abundância e buscam o que o coração mais valoriza, menos angustiadas ficam por causa de dinheiro. Além de menos inclinadas a considerá-lo como um salvador.

DA PASSIVIDADE À AÇÃO

Quando os elementos que você esperava que o salvassem — pessoas, sucesso, dinheiro — não se materializam, é provável que você se torne desiludido e pessimista. Agora, mesmo que apareçam em sua vida e você pense oba! Estou salvo! Está construindo sua felicidade sobre um falso alicerce. A estrutura pode desmoronar a qualquer momento, pois a verdadeira felicidade é uma coisa que você tem de criar, independente das circunstâncias. A libertação do sofrimento não é uma coisa completa e definitiva. Somente você pode modificar seu estado emocional de modo a atrair as circunstâncias que refletirão seus novos sentimentos, mais positivos. Trabalhando com o universo, você é o seu próprio salvador.

Nos anos 1980, ouvi falar pela primeira vez de Louise Hay, guru da autoajuda que realmente curou a si mesma do câncer. Percebendo que os médicos não iriam salvá-la, ela começou a se concentrar em mudar seus padrões mentais — que ela acreditava terem provocado a doença. Ao curar suas emoções, ela curou seu corpo. Maravilhada com a história dela, percebi pela primeira vez que talvez eu também pudesse curar a mim mesma e acabar com meu sofrimento — por minha própria conta.

EU SALVEI A MIM MESMO!

Para se tornar seu próprio libertador, você terá de olhar para o papel que você mesmo desempenha na criação das circunstâncias que dificultam sua felicidade. Não se julgue severamente, nem formule justificativas para seus sentimentos. Apenas repare no que pode modificar em seu mundo. Você pode, por exemplo, alterar suas emoções, pensamentos, atitudes e comportamentos. Ao fazer isso, as pessoas presentes em sua vida começarão a mudar. Se estiver doente, pare de esperar que seu médico o salve e comece a se informar a respeito da doença, enfrentando os padrões emocionais subjacentes que podem estar gerando ou piorando seu estado. Então, seu médico vai ser capaz de ajudá-lo melhor.

Não se limite a esperar que sua parceira romântica o torne feliz. Ou que seu parceiro romântico a torne feliz. Crie você mesmo a alegria. Isso ajustará a dinâmica entre ambos e tirará dele ou dela a pressão de ter de resolver os seus problemas. Sua parceira, ou parceiro, achará então mais fácil relaxar e criar sentimentos de felicidade, em vez de sentimentos de inadequação. E você notará que ele ou ela têm muito mais coisas a lhe oferecer emocionalmente.

Nós temos a capacidade de criar as circunstâncias de nossa vida. Não temos o controle completo sobre tudo, mas também não somos tão impotentes como poderíamos pensar. Se procurarmos alguém que faça o trabalho de mudar nossa vida por nós, creia-me, isto não vai acontecer, nós temos de salvar a nós mesmos.

Se você não está obtendo os resultados esperados e parou de procurar soluções, se está marcando passo na vida e sente-se impaciente e injustiçado, é possível que acredite na falsa ideia de que ser socorrido é a resposta. Existe uma linha tênue entre *ter fé* em alguém ou em alguma coisa para ajudá-lo e *esperar* que isso aconteça.

Às vezes, caímos na armadilha de esperar que alguém nos salve porque estamos cansados, achando que não conseguiremos resolver nossos problemas. Mas as coisas não precisam ser assim. Não é necessário ter nenhuma informação a respeito de como iremos conseguir o que queremos;, tudo o que precisamos saber é o que queremos. Então, geramos os sentimentos que teríamos se já tivéssemos obtido o que desejamos, imaginando a nós mesmos na situação ideal e saboreando cada momento dela enquanto a visualizamos em nossa mente. À medida que criamos confiança, alegria, tranquilidade e gratidão, mudamos nossa energia; então, as forças que estão nos desvãos da realidade começam a se manifestar e a atrair circunstâncias que combinam com nosso novo e positivo estado de espírito.

Infelizmente, o sonho de sermos socorridos por alguém ou alguma coisa, muitas vezes, pode nos impedir de ajudarmos a nós mesmos. Talvez, no fundo, acreditemos que, caso alguém apareça para nos dar as respostas de que precisamos, isto provará que somos dignos de ser amados e que merecemos ser salvos. Com certeza, era o que eu sentia quando era muito mais jovem, mas esse sonho de Cinderela, de ser resgatada por alguém que, de repente, perceba como somos valiosas e importantes, apenas nos impede de descobrir nossa própria autoestima e de encontrar os meios para resolvermos nossos problemas e criarmos uma vida feliz e gratificante.

Frustrados por não sermos socorridos, podemos ficar tão desesperados para encontrar uma panaceia que pulamos de emprego em emprego, de relacionamento em relacionamento — agimos desesperadamente na esperança de encontrar a chave que resolverá tudo e nos transformará em vencedores. Inevitavelmente, acabamos com tantos problemas quanto tínhamos antes — muitas vezes, os mesmos. Se a nova situação se parece com a anterior, é porque não mudamos. Como diz o ditado: "Aonde quer que você vá, você vai junto". Nossas circunstâncias sempre refletem o que está acontecendo dentro de nós.

Se encontrar um salvador não é a solução, o que poderia ser? Durante muitos anos, assisti a palestras, li livros e frequentei *workshops* na esperança de descobrir. Cheguei então à conclusão de que a chave para mudar minha vida para sempre era controlar meus pensamentos.

PENSE NISTO, SEJA ISTO

"Quando seu cérebro pensa corretamente, quando você entende a verdade, quando os pensamentos depositados em seu subconsciente são construtivos, harmoniosos e pacíficos, o poder mágico de seu subconsciente irá responder e criará condições harmoniosas, ambientes agradáveis e o melhor que houver em tudo."

Dr. Joseph Murphy

Depois de perceber que eu mesma era a única pessoa que poderia me libertar da minha prisão de tristezas — e que, na verdade, fora eu quem me trancara na cela —, tive uma revelação. Neste dia, na década de 1980, ouvi Bob Proctor, meu mentor, falar sobre o poder da mente. Essencialmente, ele disse que se mudamos nossos pensamentos, podemos mudar nossas vidas. *Deve ser isso!* — pensei.

O PODER DE CONTROLAR NOSSOS PENSAMENTOS

O que Bob estava dizendo era algo completamente novo para mim. Eu não fora ensinada a ser introspectiva, portanto nunca tinha prestado muita atenção às ideias que percorriam minha mente, nem parara para pensar se elas estavam me ajudando ou me paralisando.

Comecei então a dar longos passeios para analisar as coisas que enchiam minha cabeça. Depois, passei a anotá-las em um diário. Também li diversos livros sobre a importância de nos concentrarmos em nossos pensamentos, como: *O homem é aquilo que ele pensa*, de James Allen, e *O poder do subconsciente*, do Dr. Joseph Murphy. Compreendi então como era importante observar meus padrões de pensamento, percebendo quando eram positivos e produtivos, e quando eram negativos e destrutivos. Seriam as sementes que me ajudariam a conseguir a vida que eu desejava? Ou embriões de sentimentos tristes, ressentidos e encolerizados?

Uma coisa que notei foi que, quando descobria um pensamento adverso (e eu tinha muitos deles!), imediatamente sentia culpa ou tristeza. Levei algum tempo para entender que, se iria me sentir mal no processo de autoanálise, então seria extremamente difícil manter meu compromisso com a introspecção. Decidi então que, em vez de julgar meus pensamentos, passaria simplesmente a observá-los desapaixonadamente, como o sargento Joe Friday, em *Dragnet*, o velho seriado da TV, vestido de paletó e gravata, com bloco de anotações na mão, o rosto inexpressivo sob o chapéu de feltro dizia: "Só os fatos, madame". Eu também fiz questão de anotar "só os fatos", e deixei de gerar ideias que me levariam a emoções frustrantes.

Como havia reservado tempo para explorar minhas atividades mentais, comecei a me tornar mais consciente delas nas situações do dia a dia. Enquanto dirigia, ou lia a correspondência, reparava em coisas que me vinham à mente e conjeturava: isso irá me aproximar dos meus objetivos? Antes, um pensamento como: droga, estou atrasada, deveria ter saído de casa antes; sou mesmo uma idiota, teria pipocado na minha cabeça e feito com que eu me sentisse envergonhada, pois gerava a opinião de que eu estava sendo tola ou incompetente. Agora, mais consciente, eu tendia a não me concentrar na corrente de pensamentos gerada pelo pânico de estar atrasada para o trabalho e pela sensação de incompetência. Em vez disso, eu raciocinava: está bem, eu posso estar um pouco atrasada, mas não tenho como mudar isso agora – simplesmente vou fazer o melhor que puder com o tempo de que disponho. A lição aqui é começar a me arrumar mais cedo, ou ignorar o telefone quando estiver me dirigindo à porta e ele tocar. Eu conseguia identificar modos de ver a situação como uma oportunidade para aprender, pois não estava mergulhada no ato de escrever mentalmente um dramático monólogo interno a respeito de como eu deveria me sentir péssima.

Outra coisa que o exame dos meus pensamentos me ensinou foi que havia uma sólida razão para que eu não atingisse os resultados esperados:

muitos dos meus pontos de vista eram absolutamente tóxicos! É impressionante como uma pessoa pode ter tantos pensamentos perniciosos em um curto espaço de tempo. Eu olhava para meus relacionamentos insatisfatórios (nunca funcionavam muito bem), para meus problemas no trabalho e para minhas dificuldades financeiras, e refletia: quais crenças a respeito dos homens, do trabalho e do dinheiro estão me levando a esses resultados, que não são os que desejo? Desnecessário dizer que o que eu estivera dizendo a mim mesma não eram exatamente coisas positivas e construtivas. Que revelação!

Descobrir a qualidade de nossos pensamentos é muito importante, pois sendo calmos observadores, podemos assumir o papel do juiz imparcial e fazer a nós mesmos uma simples pergunta: este pensamento vai me colocar no caminho da felicidade e do sucesso ou vai me afastar dele? Se concluir que o pensamento não está funcionando para você, trate de bani-lo de sua mente. Ele pode ressurgir, mas, lembrando-se de sua decisão anterior, você pode reagir dizendo: eu não acredito mais nisso. Quanto mais rejeitar esses sentimentos negativos, menos eles vão aparecer.

COMO PENSAMENTOS E EMOÇÕES SE ENTRELAÇAM UNS AOS OUTROS

Por que os pensamentos negativos são tão destrutivos? Porque o poder deles está nas emoções que provocam, às quais nos agarramos com firmeza. Alguns podem parecer neutros, tais como: estou atrasado, ou: meu amigo não me telefonou como disse que faria. Entretanto, se começarmos a extrapolá-los, criaremos percepções negativas que se enroscam neles e nos causam sofrimento. Por exemplo:

Pensamentos neutros	Pensamentos negativos	Emoções negativas
Estou atrasado.	Estou sempre atrasado. O que há de errado comigo?	Vergonha e culpa.
Meu amigo não ligou como disse.	Ele não deve gostar de mim. Ele é egoísta e mal educado. Ele não se importa com os meus sentimentos.	Sem valor, vergonha, humilhação. Raiva, ressentimento.

Se você analisar seus pensamentos negativos poderá perceber que, além de lhe provocarem mal-estar, eles são também distorcidos. Você pode achar que está sempre atrasado, mas isso pode não ser verdade (se for, você deve analisar por que não reserva tempo suficiente para fazer suas tarefas). E pensar: estou sempre fazendo bobagens, apenas alimentará seus sentimentos de inadequação. Quando algum amigo não telefona para você, conforme prometeu, pode ser por uma série de motivos; portanto, é uma distorção achar que ele simplesmente não gosta de você ou não se importa com os seus sentimentos. Você não pode avaliar se alguma coisa é ou não verdadeira, se não puder enxergar além da própria realidade. A posição de observador lhe permitirá colocar de lado suas emoções, permitindo-lhe ser objetivo a respeito do que realmente está acontecendo.

Quanto mais você observar seus pensamentos, mais perceberá a energia que têm. Repare na qualidade e na intensidade dos sentimentos neles entrelaçados. Se quiser substituir uma atitude improdutiva por uma produtiva, você terá de prestar atenção à energia que está acrescentando a ela. Por exemplo, se você repetir para si mesmo: estou feliz porque vou ganhar um milhão de dólares este ano! Poderá estar fazendo uma excelente declaração. Mas se extrapolar essa afirmativa com um pensamento negativo, como: eu realmente não acredito nisso; é uma meta irreal, você não estará fortalecendo a crença de que poderá atingir essa meta. Em vez disso, enfatizará suas carências e inseguranças — que produzirão resultados que você não deseja. Para ganhar um milhão de dólares, você tem de se *sentir* como se já tivesse um milhão de dólares! Tem de entrever um quadro de fartura, entusiasmo, reconhecimento e confiança. Se a declaração: estou feliz porque vou ganhar um monte de dinheiro este ano lhe dá uma sensação ainda maior de entusiasmo e prosperidade, então a use, em vez de: estou feliz porque vou ganhar um milhão dólares este ano!

Somos todos diferentes. Uma declaração que deixe alguém inequivocamente confiante pode fazer você se sentir inseguro, e vice-versa. Portanto, escolha a que funciona para você. Descobrirá então que, se adicionar uma boa dose de emoções positivas e poderosas às suas declarações, irá acreditar nelas.

Para alimentar nossas crenças, precisamos estar conscientes da linguagem que utilizamos. Pensamentos como: vou ganhar um milhão de dólares e minha conta está cheia de dinheiro! Eu sou mais rico do que jamais sonhei! podem fazer com que nos sintamos eufóricos, ricos e cheios de possibilidades. São palavras que nos ajudam a visualizar contas bancárias abarrotadas, carteiras recheadas e uma inundação de cheques entrando em nosso favor. Não importa se não sejam literalmente verdadeiras no momento, contanto que os sentimentos e as imagens criadas em nossa mente façam com que nos sintamos ricos.

Convicções positivas nos impulsionam em direção aos nossos objetivos e nos dão uma capacidade magnética de atrair o que desejamos.

Logo depois que descobri a importância de apoiar meus pensamentos com o poder de emoções positivas, comecei a obter bons resultados. Mas tive de aprender mais uma coisa a respeito de pensamentos: eles podem ser inconscientes e mais poderosos que os conscientes.

PENSAMENTOS SECRETOS QUE NOS ENGANAM

Todos nós temos pensamentos inconscientes. Às vezes, são tão dolorosos que permanecem escondidos em nossa mente; não queremos pensar neles. Podem também ser ideias que tivemos e aceitamos há muito tempo, mas que deixaram de nos interessar. Como já não têm utilidade, não percebemos que ainda estão nos travando, que podem estar influenciando enormemente nossas emoções, comportamentos e percepções conscientes. Embora tais pensamentos estejam ocultos de nossa consciência, são como um programa de computador que está sempre rodando e interferindo nos demais. Assim como um vírus que danifica nosso sistema operacional e prejudica nosso trabalho, esse programa tem de ser eliminado, e não ignorado.

Quando nossas ideias inconscientes são destrutivas, podem nos dar sinais de que alguma coisa está errada. Na última vez em que entrou um vírus em meu computador a ampulheta do meu monitor ficou girando e girando, até que disse a mim mesma: epa, isto está demorando demais — não é um bom sinal! Então, claro, o programa se fechou. Os pensamentos inconscientes podem nos provocar tanto uma pontada aguda quanto uma sutil sensação de desconforto. Se você tiver coragem para admitir que está se sentindo inquieto ou apreensivo, você poderá descobrir o que são essas sensações, examiná-las e decidir se ainda deseja se agarrar a elas.

Quando me sinto mal-humorada, ligeiramente ofendida, frustrada ou triste, paro e pergunto a mim mesma: o que está havendo comigo? Se, por alguma razão, não aproveito a oportunidade para analisar o que está na minha cabeça naquele momento, volto ao assunto mais tarde, antes de dormir, quando estou escrevendo meu diário, e examino o que deixei passar mais cedo. Estou sempre me lembrando de que, assim como todo mundo, haverá momentos em que terei de analisar meus pensamentos conscientes e inconscientes, avaliando sua qualidade e intensidade, e decidindo, caso sejam negativos, com o que gostaria de substituí-los.

AGINDO COM EXUBERÂNCIA

Como expliquei antes, os pensamentos são poderosos porque são o combustível de nossas emoções. Este combustível impulsiona o veículo, gerando ação. Se realmente sentimos que merecemos uma alma gêmea, amorosa e dedicada — e queremos saborear a fantástica experiência de sermos adorados e acariciados — a oportunidade de conhecer novos parceiros em potencial nos deixará entusiasmados, e faremos isso com exuberância!

Quando as pessoas me dizem: eu gostaria de encontrar alguém, mas detesto namorar, sei que mantêm opiniões negativas a respeito das próprias perspectivas ou sobre como será o namoro, baseadas em experiências passadas, decorrentes de uma autoestima baixa. Alegam que desejam encontrar um parceiro, mas inventam todo tipo de desculpas para não sair com novos conhecidos. Ficam com medo de não encontrar a pessoa especial que esperam e se sentirem pior ainda.

Depois de criar um pensamento positivo, cerque-o de emoções que combinem com ele. Visualize mentalmente o que quer e sinta como é fantástico conseguir aquilo. Aja como se já tivesse o que deseja, imagine como você se sentiria, permita a você mesmo sair da tristeza e vá em frente com prazer. Irá descobrir que está inspirado para abrir caminho mesmo quando encontrar obstáculos.

Recentemente, prestei consultoria a um escritor que se sentia frustrado com o fato de que, depois de um mês tentando obter parceiros para uma campanha destinada a promover seu livro, só haviam aparecido poucas pessoas. Eu não compreendo por que não estou obtendo resultados, disse-me ele, pouco antes de me explicar por que não seria capaz de alcançar seus objetivos e de reclamar dos problemas que vinha encontrando pela frente.

Também não pude deixar de pensar em outra cliente que estava planejando o mesmo tipo de campanha e que tinha começado a procurar parceiros mais ou menos na mesma época. Só que, ela já havia encontrado dez vezes mais colaboradores que ele. Todas as vezes em que eu conversava com ela, pude vê-la entusiasmada com os novos colaboradores e com as pessoas a quem planejava abordar — e eu achava que o livro dela era menos original e emocionante que o dele! Eu tinha certeza de que o problema não estava no produto oferecido pelo escritor, mas em sua falta de esperança e energia emocional, que poderiam alimentar suas ações, transmitir entusiasmo nas outras pessoas e convencê-las a ajudá-lo na divulgação de seu livro. Eu sabia que ele precisava entender que o pensamento otimista conduz a ações e resultados positivos.

— Eu juro! — meu cliente infeliz garantiu — que iria à falência, se necessário, para atingir seu objetivo.

Eu disse a ele que não achava que aquela fosse uma atitude das mais positivas.

— O que eu sugiro — eu disse —, é que você se concentre em ser entusiasta e persistente. E que também se divirta. Afinal de contas, você está entusiasmado com seu livro e seu tema, não está? Deixe o entusiasmo tomar conta de você e depois dê o próximo telefonema. Sua alegria vai ser contagiante, e acho que você irá obter resultados muito melhores.

Ele me disse que iria tentar — já que talvez tivesse sido inseguro demais, deixando transparecer isso em sua voz quando conversara com os parceiros. De fato, uma semana depois, ele tinha quadruplicado o número de colaboradores.

Pensamentos e sentimentos positivos também abrem as portas da criatividade, gerando ações inovadoras que chamam atenção. Uma pessoa que veio me procurar, por exemplo, fez 1.500 biscoitos para oferecer de brinde a potenciais clientes, e decorou cada um deles à mão. Este foi um dos numerosos passos que ela deu e que, finalmente, lhe rendeu um altíssimo adiantamento para a publicação de seu romance, uma extraordinária quantidade de dinheiro para uma autora iniciante. Assar os biscoitos como ela fez, sem grandes sacrifícios, foi uma ideia inteligente advinda de sua paixão pelo livro. Ela sabia os recursos de que dispunha — que incluíam um bom forno, mas não uma gorda conta bancária! — E usou isso a seu favor. Todas as opções se abrem para nós quando pensamos, sentimos e agimos de forma positiva.

Não podemos fazer tudo o que imaginamos, é claro. Nenhum de nós pode encontrar um meio de criar asas e voar, ou de promover a paz mundial; mas se entendermos as conexões existentes entre pensamentos inconscientes, pensamentos conscientes, emoções e ações, somos capazes de fazer qualquer coisa.

Descobrir que você é a pessoa que tem as chaves da prisão de sua infelicidade é algo poderoso. Mas, para se libertar, você terá de suportar o desconforto de descobrir que você era seu próprio carcereiro. Admitir um erro é uma coisa difícil, mas não evite criticar a si mesmo por ter abrigado pensamentos e sentimentos improdutivos sem examiná-los. Fugir dos sofrimentos é da natureza humana, mas ao descobrir que a melhor forma de fazê-lo é suportar algum desconforto, enquanto avalia seus pensamentos, sentimentos e ações, você se libertará de sofrimentos desnecessários. E poderá dar início à construção da vida que deseja para si mesmo.

BANINDO OS ATOS FALHOS

Após desnudar seus pensamentos e sentimentos destrutivos — a parte mais difícil — você poderá modificá-los. Para isso, deverá substituí-los por algo melhor.

Foi penoso encarar minha arraigada crença de que eu não era merecedora do amor e do sucesso. Mas, depois que fiz isso, perdoei-me por ter alimentado uma convicção tão enganosa, que tanto sofrimento me causou. Eu sabia que minha tarefa seria substituir esse pensamento pela seguinte convicção, simples e poderosa: eu mereço e sou digna de obter amor e sucesso. Eu tinha de acreditar nisso, sentir isso, e foi muito útil pensar em mim mesma como uma das criaturas de Deus que mereciam os prazeres que o mundo tem a oferecer. Eu não sou mais merecedora de amor e sucesso que qualquer outra pessoa; mas, como qualquer pessoa, tenho direito a ambas as coisas.

Todos os dias eu repetia esta afirmação para mim mesma, e a sentia plenamente. Assim como escovava os dentes de manhã, eu cuidava da minha higiene mental. Não se passava um dia sem que eu passasse algum tempo pensando e de fato acreditando: eu mereço e sou digna de obter amor e sucesso. Se a frase: não, você não merece! viesse em minha cabeça, eu a reconhecia imediatamente. Era um ato falho — um pensamento involuntário gerado pelo cérebro que se reportava ao meu antigo e destrutivo sistema de crenças. Porém, eu não mais gastava tempo e energia com os atos falhos; apenas os via como eram — crenças com as quais eu já não queria perder tempo. Então, bania aquilo da minha mente, concentrando-me mais ainda neste pensamento maravilhoso e enriquecedor: eu mereço e sou digna de obter amor e sucesso. Seguir em frente como se já tivesse alcançado o objetivo é fundamental para que você chegue aonde deseja ir. Mas é preciso aproveitar todas as oportunidades para gerar, espontaneamente, sentimentos positivos e produtivos. Nos velhos tempos, quando estava mergulhada na negatividade, eu olhava um homem abraçar e beijar a namorada, e pensava: eu não tenho isso. Gerava tristeza e carência na minha mente, e ainda fortalecia a crença arraigada de que não merecia aquilo com um diálogo interior que me fazia sentir ainda pior. Agora, sei que a melhor resposta a uma situação como esta — que ressuscitava velhas crenças sobre falta de merecimento — não é fortalecer o ato falho quando ele aparece, mas conscientemente dizer a mim mesma: isso não é bonito? Há tanto amor no mundo. Eu também mereço ser amada! Estou muito feliz por ter amor em minha vida! Acabei percebendo que, ao prezar o amor de minha família e dos meus amigos, eu atraía uma aura romântica que me fazia agir de forma amorosa. E isso me tornou ainda mais atraente para os homens!

Você pode aplicar essa mesma técnica a qualquer coisa que deseja. Para obter riqueza e prosperidade, não fique remoendo pensamentos sobre dívidas ou desafios financeiros. Seja grato pelos prazeres que já tem. Aprecie verdadeiramente a sensação de prosperidade que sente quando observa as mansões da parte rica da cidade. Agradeça pelos sucessos que obtive e permita a si mesmo desfrutar da certeza absoluta de que irá crescer muito mais a partir deles. Sinta orgulho dos seus maravilhosos talentos e habilidades, que o ajudarão a criar e a atrair as coisas que você deseja. Quando perceber que está com inveja de alguém que parece ter mais do que você, não comece a formular o pensamento: eu não deveria ter inveja. Que coisa horrível! Simplesmente reconheça o ato falho e trate de bani-lo, pensando: o que me faz pensar que eu não posso ter isso? Afinal de contas, a inveja é baseada na crença de que alguém tem uma coisa que você não pode ter.

Analise seu julgamento oculto e o substitua por algo mais otimista. Então pense: o que eu gostaria de sentir, em vez de inveja? Depois, crie a emoção desejada, acompanhada por um sentimento positivo que combine com ela e o aproxime das coisas que deseja para si mesmo.

Se tudo isso parece fácil demais, acredite: eu sei como pode ser difícil crer que temos o poder de controlar nossos pensamentos e emoções. Quando eu era jovem, tive namorados que me diziam que eu era "sensível demais"; ou que eu "deveria ter casca mais grossa" (não lido muito bem com gozações). Eu achava que certas pessoas eram fortes e resilientes, enquanto outras, como eu, tinham emoções mais intensas ou dolorosas, e que pessoas como eu não podiam fazer muita coisa para mudar o modo como se sentiam. Agora, sei que todos podem usar técnicas específicas para modificar os pensamentos e os sentimentos, e para fortalecer os indivíduos novos e mais saudáveis que desejam se tornar.

Fazer tais mudanças exige tempo e esforço, e os antigos sentimentos podem, às vezes, reaparecer. Não há muito tempo, minha falecida mãe estava muito doente por causa de câncer, prostrada em um leito de hospital. Meu irmão e eu estávamos tentando imaginar como poderíamos levá-la para fora, em um dia bonito, para que ela pudesse desfrutar da luz do sol e ter contato com a natureza. Mamãe estava ficando um pouco agitada, e dizia: "Não sejam bobos, eu não posso sair!" Meu irmão teve a ideia de empurrar a cama dela — que tinha rodas — pelos corredores e ir até o pátio gramado do hospital. Eu estava falando alguma coisa sobre como poderíamos transferir mamãe para uma cadeira de rodas, quando ela me disse enfaticamente:

— Eu não aguento, Peggy!

Num instante, todos os meus sentimentos sobre minha própria inutilidade vieram à tona, e lágrimas encheram meus olhos. Toda a dor que sentia em minha infância — quando parecia que eu nunca conseguia contentar meus pais — ressurgiu dentro de mim. Minha mãe não me aguenta — que pensamento doloroso! Eu me virei de costas para que meu irmão e minha mãe não vissem a expressão do meu rosto e as lágrimas que ameaçavam transbordar dos meus olhos.

— É verdade, Peggy. Mamãe tem razão. Ela não aguenta se levantar. Vamos ter de esquecer a cadeira de rodas e tentar mover a cama — disse meu irmão, totalmente alheio ao estado em que eu me encontrava.

— Sim, vamos mover a cama! Disse minha mãe, simplesmente.

Foi então que percebei o que tinha acontecido. Meu velho sentimento de inadequação distorcera o que eu ouvira. O que minha frágil e enfraquecida mãe dissera fora: eu não aguento, Peggy! Eu não reparara na vírgula! Quando percebi o engano, comecei a rir.

— O que é tão engraçado? — Perguntou meu irmão.

— Eu explico depois — eu disse, alegre.

Foi um ótimo lembrete de como a nossa antiga programação pode ser poderosa!

Controlando nossos pensamentos e os sentimentos entrelaçados, podemos escapar da prisão que nós mesmos construímos. Não precisamos ser as pessoas que somos hoje. Frequentemente, encontramos segurança na previsibilidade e nos convencemos de que, como sempre fomos ansiosos ou infelizes, como sempre tivemos dificuldades financeiras ou como nunca tivemos um parceiro romântico, é assim que nossa vida sempre será. Vivemos em uma cidade chamada infelicidade, mas pensamos que ela se chama Honestidade. Nós mesmos criamos nossa realidade. Se quisermos que nossa existência seja alegre e gratificante, podemos fazer com que isto aconteça — a partir de hoje.

No dia em que você mudar sua perspectiva e perceber que tem poder para mudar sua própria vida, ficará maravilhado com o quanto se sentirá mais esperançoso. A percepção é como uma escada: cada degrau o leva mais acima; e quanto mais você sobe, mais longe consegue enxergar.

Seus pensamentos são limitados por sua perspectiva. Amplie a perspectiva e será mais fácil perceber quando seus pensamentos estão travando você. E novos pensamentos, mais agradáveis, irão aparecer.

Descobrir que tinha capacidade para controlar minha disposição foi um passo extremamente importante no meu autoaperfeiçoamento. Mas acabei descobrindo que administrar meus pensamentos não era a resposta definitiva — a solução. Eu ainda me sentia infeliz e sem objetivos. Estava procurando alguma coisa maior, não simplesmente um alívio para o sofrimento. Queria encontrar o caminho para a realização plena. Foi quando descobri o poder das *metas*.

MEEETAS!!!

"Estabeleça uma meta para alcançar algo tão grande, tão estimulante, que o empolgue e amedronte ao mesmo tempo. Esta meta deve ser tão atraente, tão alinhada com seu núcleo espiritual, que você não consiga tirá-la da mente. Se você não sentir calafrios quando estabelecer uma meta, é porque seus objetivos não são grandes o suficiente."

Bob Proctor

Analisar meus pensamentos me fez compreender que havia uma conexão entre o que eu pensava, sentia e fazia, e os resultados que estava alcançando. Quando percebi que realmente tinha o poder de modificar meus pensamentos e emoções, fiquei empolgada. Senti-me invencível! Em vez de me concentrar tanto nos meus problemas, comecei a antever o que desejava para mim mesma e a estabelecer novos objetivos.

Eu sempre fora motivada por objetivos concretos: ganhar bastante dinheiro para comprar meu primeiro apartamento e meu primeiro carro; e encontrar o homem dos meus sonhos, casar e constituir família. Sentia que, se pudesse alcançar essas metas, eu seria feliz.

Nem todo mundo é movido por metas. Como diz Og Mandino, o conferencista motivacional, se estamos felizes com a vida que levamos, e não procuramos ativamente coisa melhor, não há nada de errado nisto. Mas somos criaturas criativas por natureza. Quando não estamos trabalhando para obter algo novo, queremos obter mais daquilo que nos dá prazer: mais tempo com as pessoas que amamos, mais conforto, mais lazer para dedicar aos *hobbies*, e assim por diante. Eu penso o seguinte: por que devemos nos contentar com o que é muito bom se, com um pouco de esforço a mais, podemos tornar nossa vida fantástica? Podemos estabelecer metas simples para melhorar nossa existência, tais como passar mais tempo com a família, aprender uma coisa nova, conhecer outras pessoas ou procurar uma ocupação fora do comum que nos deixe empolgados e estimule nosso espírito de aventura.

Sejam quais forem nossas metas — modestas ou grandiosas —, é compreensível desejarmos que se realizem exatamente como as imaginamos. Nossa paixão nos inspira a analisar todos os maravilhosos detalhes de nossa trajetória. A cada marco de estrada que ultrapassamos sentimo-nos mais confiantes de que realizaremos nossos desejos conforme planejamos. Porém, quando o marco não aparece onde esperávamos ou quando percebemos que entramos em um caminho errado ou, ainda, que estamos diante de um obstáculo, nossas esperanças podem se evaporar. Quando aprendi sobre as metas, acabei percebendo que o melhor modo de atingi-las sem perder as esperanças é entender como torná-las alcançáveis.

O segredo é saber que nem todas as metas são adequadas para você. Quanto mais o objetivo estiver alinhado com sua paixão interior, mais provável será de os resultados se tornarem excelentes.

DESEJOS DO CORAÇÃO

Se você estabelecer um objetivo concreto, que indique o seu sucesso, isso poderá mantê-lo enfocado no que deseja realizar. Mas se não estabelecer um ponto de referência, você poderá desenvolver pensamentos e sentimentos negativos. Determinação e obstinação podem ajudá-lo muito na realização de suas ambições; mas, ao mesmo tempo, você terá de aceitar o fato de que o universo tem suas próprias ideias a respeito de como transformar seus sonhos em realidade.

Muitas vezes, estabelecemos parâmetros para o sucesso sem examinar as crenças subjacentes às nossas aspirações. Se analisarmos mais atentamente nossos desejos mais acalentados, é bem possível que acabemos desejando outra coisa. Por exemplo, quando eu trabalhava como orientadora de metas, quase todos os meus clientes estabeleciam, como objetivo, ganhar dinheiro. Às vezes, desejavam ganhar uma quantia específica em determinado período, como um salário de seis dígitos no espaço de dois anos. O problema desse tipo de meta é ser limitadora. Por que não um salário de sete dígitos? Por que dentro de dois anos, se você pode conseguir isso em seis meses? E se o dinheiro não vier do salário, ou de horas extras no emprego, mas por meio de investimentos ou, simplesmente, da abundância que existe no universo? Não estou querendo dizer que a melhor opção seja comprar bilhetes de loteria ou cruzar os dedos. Mas já vi pessoas que acreditavam que o universo iria ajudá-las a ganhar dinheiro, a ganharem vultosas quantias de dinheiro — seja do governo, de uma herança ou de uma conta bancária há muito esquecida. Quando tentamos ditar *como* e *quando* nossa meta se tornará realidade, estamos restringindo a nós mesmos.

É também importante que você entenda que, para realizar qualquer objetivo, este deverá ser alimentado pela paixão. Se estiver fora de sincronia com os desejos de seu coração, você pode ter a sensação de ser como Sísifo, a figura mitológica condenada pelos deuses a empurrar uma rocha montanha acima, apenas para começar tudo de novo quando a pedra rolasse de volta para baixo. Mas se sua meta estiver enraizada em sua paixão mais profunda, você poderá estar executando a tarefa mais banal do mundo que ainda se sentirá entusiasmado.

Às vezes, você pensa que está empolgado com um objetivo, mas, certo dia — ao telefonar para um possível comprador, ou viajar por uma longa distância para atender a um cliente, ou ao lidar com um sócio mal-humorado —, você diz a si mesmo: isso não tem graça. Onde é que eu estava com a cabeça? Mas, se sua meta estiver enraizada na paixão, você será capaz de assumir uma atitude positiva e superar o obstáculo, ou encontrar um meio de contorná-lo, recuperando a alegria e o entusiasmo iniciais. O trabalho duro ao longo do caminho, assim como a experiência de superar obstáculos, podem tornar a realização do objetivo ainda mais gratificante e satisfatória. Se a convicção não existir desde o início, no entanto, você sairá fora rapidamente.

Quando pensar sobre metas, procure entrar em contato com suas crenças mais profundas a respeito delas. Reserve algum tempo para examinar realmente seus objetivos, antes de se concentrar em como atingi-los. Por exemplo, muitas pessoas diriam prontamente: eu gostaria de ficar rico para me livrar de problemas financeiros! Eu creio que podemos extrair grandes benefícios examinando desejos assim. Suas motivações subjacentes são positivas e estimulantes ou negativas e desestimulantes? Por exemplo, se a motivação secreta do objetivo for a seguinte: eu gostaria de me ver livre dos problemas financeiros e ter bastante dinheiro para conseguir finalmente o aplauso de meu pai e me sentir um vencedor, porque não me sinto bem comigo mesmo — nesse caso, nada feito! Essa é uma crença que precisaria ser substituída. Você pode estabelecer a mesma meta financeira, mas com uma crença mais positiva para apoiá-la, tal como: eu gostaria de me ver livre dos problemas financeiros e ter bastante dinheiro porque adoraria fazer mais por mim mesmo e pela minha família. Isso, por sua vez, pode se transformar na afirmativa: eu tenho bastante dinheiro para fazer tudo o que desejo para mim e para minha família.

Quando você torna seus pensamentos e sentimentos mais positivos, suas metas podem mudar. Você pode descobrir que não precisa de muito dinheiro. Talvez sua verdadeira paixão seja simplesmente ter liberdade financeira para fazer o que mais lhe interessa no atual estágio de sua vida — viajar, por exemplo, ou ter um trabalho que você realmente aprecie, pois o torna membro de uma equipe que está fazendo a diferença no mundo. Então, quando tiver dinheiro suficiente para se concentrar mais em realizar seus sonhos do que em conseguir pagar as contas, você se sentirá satisfeito.

Digamos que o seu objetivo está enraizado em um pensamento positivo e estimulante. Expresse-o primeiramente no tempo presente, para não informar o universo de que você está carente de alguma coisa. Você deve articular sua meta da seguinte forma: eu tenho um maravilhoso parceiro romântico e um círculo de amigos solidários e afetuosos em minha comunidade; ou, eu gosto de criar produtos que ajudem os profissionais da minha área a realizar suas tarefas de modo mais eficiente, o que nos permite permanecer concentrados nos aspectos mais importantes do nosso trabalho.

Em seguida, analise bem seus pensamentos e sentimentos, de modo a tornarem mais claras suas ambições e oferecer a si mesmo algumas ideias. Você começará pesquisando, aprendendo e explorando — descobrindo recursos para obter mais informações e apoio. Nesse estágio inicial, você provavelmente estará em contato com seu entusiasmo. Quaisquer obstáculos que se apresentem — tais como pessoas avisando que sua meta é difícil de alcançar, ou a revelação de que você tem muito trabalho pela frente — parecerão superáveis. Depois que já estiver perseguindo seu objetivo e perceber que tem de fazer sacrifícios — que enfrenta desconforto emocional, fadigas e frustrações —, é importante manter o contato com a paixão inicial — pois ela é o combustível que o impulsiona nas situações difíceis.

UTILIZANDO O PODER DE SUA PAIXÃO

Todos os dias, eu uso técnicas para me reconectar com minha empolgação e entusiasmo, o que me ajuda a gerar sentimentos de curiosidade, confiança, fé, alegria e amor. Por exemplo, eu gosto de trabalhar com um cartão de metas: um simples cartão no qual escrevo meus objetivos nas áreas do desenvolvimento pessoal e espiritual, relacionamentos, finanças, negócios, carreira e saúde. Você poderá estar satisfeito com sua vida, de modo geral, e sentir necessidade de mudar apenas em uma área, o que é ótimo. Anote esse importante objetivo em seu cartão de metas — que você deve ler sempre que puder, de modo a se reconectar com sua paixão.

Eu trabalho com homens e mulheres cujas metas são baseadas na paixão. Mas já encontrei pessoas que, quando examinam suas aspirações, descobrem que estas não estão enraizadas no que desejam, mas no que acham que devem desejar. Se você tiver de convencer a si mesmo a perseguir determinado objetivo, provavelmente vai colocar todos os seus vidros de temperos em ordem alfabética, e depois ler toda a propaganda que chegou pelo correio, antes de dar o telefonema que o ajudará a alcançar a meta que você diz que deseja! Não se sinta mal por inventar meios elaborados de evitar fazer o que acha que deve fazer; seja gentil consigo mesmo. Se seu coração não está nisso, você não vai obter sucesso. Deixe de lado qualquer coisa que esteja enraizada em crenças e emoções negativas; em vez disso, utilize o poder da paixão e deixe-o determinar o que você quer alcançar.

A boa notícia é que você nem precisa saber como conseguir o que seu coração deseja. Basta saber o que é e se concentrar nisto, gerando os sentimentos e pensamentos que o apoiarão. Procure sentir realmente as emoções que sentiria se já tivesse atingido a meta. O caminho se revelará a você em seu devido tempo. Comece com a paixão — você simplesmente saberá o que deve fazer.

VOCÊ ESTÁ REALMENTE PREPARADO PARA O SUCESSO?

É possível que você não seja muito claro a respeito do que de fato deseja para si mesmo. Se não pesquisar e avaliar as consequências de uma determinada meta, você pode acabar se sentindo insatisfeito ou desapontado após realizar o que se determinou a fazer. Imaginar que já chegou ao topo da montanha e alcançou o sucesso não só ajuda você a criar as poderosas emoções que o fazem avançar em sua jornada, como também o prepara para certos aspectos da realização de objetivos que você pode não ter considerado.

Às vezes, vejo isso acontecer com escritores que desejam se tornar autores best-sellers. Eles sabem que querem ganhar dinheiro, querem divulgar suas ideias pelo mundo e querem ajudar as pessoas — e estes são objetivos maravilhosos, decorrentes da paixão que têm, assim como de crenças e emoções positivas. Entretanto, todas as situações têm seus desafios. Eu atingi minha meta escrevendo um *best-seller*, mas logo fui esmagada pelas exigências que resultaram disso. Todas as vezes que verificava meus e-mails, a caixa de entrada estava cheia. A imprensa estava sempre telefonando para marcar entrevistas; fiz tantas que me vi ao vivo, no rádio, fazendo declarações em um momento em que me sentia estressada. Preocupada, eu me questionava: epa, será que eu disse a mesma coisa há cinco minutos? Ou foi na minha última entrevista? As pessoas me faziam solicitações e, se eu não respondesse depressa aos telefonemas e e-mails, muitas vezes me escreviam novamente, ou deixavam mensagens cheias de desapontamento e até com um pouco de raiva. Eu me lembro de que, depois de um dia excepcionalmente bem-sucedido de marketing na internet, fiquei eufórica com os resultados e comecei a ler rapidamente as centenas de *e-mails* que acabara de receber. De repente, encontrei um que dizia apenas: "Isso é uma piada e você também é". Foi uma coisa que me machucou tanto que ainda me lembro das palavras, mesmo após oito anos!

Momentaneamente, esse soco virtual na boca do estômago me fez embarcar em uma série de pensamentos que criou ainda mais dor. Mas, àquela altura, eu já sabia o bastante acerca de controle mental para repetir a mim mesma: Tudo bem, se esse cara está sendo tão maldoso comigo, ele deve ter algum problema — minha vontade de ajudar os outros vem de um lugar de alegria e amor, e de um desejo sincero de levantar o espírito das pessoas. Saí então daquele estado horrível. Mas aquele ataque de surpresa me fez perceber que, ao me expor, sempre haveria pessoas que, em decorrência de seus próprios problemas, iriam me dirigir comentários desagradáveis. Esta era uma parte da exposição aos olhos do público que eu não havia considerado. Sei que não tenho como agradar a todos, nem como corresponder a todas as expectativas; entretanto, aprendi a fazer o melhor possível para que, ao final do dia, eu possa esquecer as exigências que pesam sobre mim e me sentir bem em relação ao que já realizei.

Seja qual for sua meta, espere pelo menos algumas surpresas depois de alcançá-la. Aprenda o que puder com as pessoas que chegaram lá, pois elas podem lhe dar informações sobre aspectos perturbadores que você ainda não imaginou. Se algumas delas forem muito pessimistas ou desencorajadoras, pense que elas podem ter problemas próprios, não resolvidos, o que pode torná-las desencorajadoras a respeito de qualquer meta e negativas a respeito de qualquer situação.

Anos atrás, uma amiga minha chamada Jan estava muito entusiasmada com a perspectiva de se mudar para a cidade de Nova York e se tornar atriz. Então falou sobre essa meta com uma mulher que já vivera e trabalhara na cidade. Você só vai ter recursos para dividir o aluguel com colegas se for morar no Brooklyn, Queens ou Nova Jersey, avisou a mulher. Jan respondeu que sabia disso, e que estava procurando um apartamento fora de Manhattan. E você vai ter de tomar o metrô, avisou a mulher. Vai viajar imprensada com outras pessoas por pelo menos vinte minutos, todas as manhãs e todas as noites, indo e voltando do trabalho. Jan não se intimidou, embora a lista de horrores sobre viver em Nova York com pouco dinheiro, apresentada pela mulher, fosse interminável. De forma simpática, encerrou a conversa. Mais tarde, quando me contou a história, deixou claro que não se perturbara com o pessimismo da mulher, embora reconhecesse que era bom saber o que a esperava; assim não haveria muitas surpresas desagradáveis. Por fim, ela comentou: Provavelmente aquela pobre mulher se sentiria infeliz mesmo que estivesse viajando em seu jato particular para uma semana de mimos no melhor spa do mundo!.

Quando receber conselhos, ouça o que os outros têm a dizer, mesmo que você discorde. Seja respeitoso; entenda a perspectiva deles e a analise cuidadosamente. Você pode encontrar gente cujos problemas contaminam seus pontos de vista e conselhos, ou pode descobrir que as pessoas que você procurou são bruscas ou arrogantes por razões particulares. Se optar por não gerar emoções perniciosas em resposta ao comportamento delas, você pode aproveitar as coisas úteis que dizem e descartar o resto — e depois procurar outras pessoas que possam lhe oferecer apoio de uma forma mais positiva.

Seja dividindo um pequeno banheiro com seu primeiro colega de quarto, quando jovem, ou aguentando o mal humor de seu parceiro em um relacionamento duradouro, você sempre encontrará desafios antes de atingir suas metas. Lembre-se, o que pode ser um empecilho para outra pessoa pode ser uma vantagem para você. Ao fazer pesquisas junto às pessoas que já conseguiram o que você pretende obter, você poderá aprender a lidar com uma carga de trabalho maior, com uma privacidade ou liberdade de movimentos limitada, ou maiores responsabilidades. E, mais importante: se sua meta é adequada para você e enraizada em sua paixão, você será capaz de lidar com as mudanças sem ceder a sentimentos e pensamentos negativos.

Preparar-se para o sucesso também significa livrar-se do que pode estar atrasando sua vida. Arielle Ford, autora de *The Soulmate Secret*, diz que se você deseja um relacionamento verdadeiramente duradouro, leal e amoroso, tem de limpar seus armários — literalmente! Você deve abrir espaço em sua vida para algo de novo. Esqueça as coisas secundárias e prepare seu ninho para o sucesso.

MAIS DO QUE "BOM O BASTANTE"

As maiores recompensas da vida não são conquistadas com um trabalho apenas "bom o bastante". Pense na mãe que reserva um tempo extra para saber por que a filha não está indo bem na escola. Após deixar de lado o embaraço e a decepção, e pesquisar a fundo, ela poderá descobrir que a menina tem um problema de aprendizagem que pode ser tratado. Que presente maravilhoso estará dando à sua filha!

Se você faz o que todo mundo diz que não pode ser feito, pois você é como um cão com um osso, totalmente determinado a alcançar sua meta, você pode ser chamado de "louco" ou "obcecado". A estrada para o sucesso não é sempre confortável, e pode ser solitária. Então, você pode pensar: talvez eles tenham razão e eu seja maluco. Nestes momentos, a melhor coisa a ser feita é se *reconectar* com sua paixão. Ao fazer isso, você recupera a fé e pode até ser agraciado com ideias novas e criativas a respeito de como atingir o objetivo. Ou mesmo um modo novo e empolgante de abordar as pessoas, levando-as a compartilhar seu sonho.

Tenho uma amiga que ensina ioga e estava tendo dificuldades para atrair novos clientes para suas aulas. As pessoas tendiam a procurar professores com quem já estavam familiarizadas, em vez de tentar a sorte com alguém que não conheciam. Ela decidiu então oferecer algumas aulas grátis. Isso atraiu alunos. E muitos deles acabaram descobrindo que, realmente, gostavam dos métodos dela. Um cliente meu concordou em oferecer seus serviços profissionais a um valor bem reduzido, em troca de uma recomendação pública de sua cliente, caso esta ficasse satisfeita com seu trabalho. Como a cliente nada tinha a perder, concordou em trabalhar com ele. Acabou recomendando o trabalho dele de forma veemente, o que o levou a obter novos negócios.

Alcançar metas sempre exige trabalho. Mesmo se você quiser ganhar na loteria tem de sair de casa e fazer as apostas! Você pode ter de gastar uma quantidade considerável de tempo e dinheiro para chegar aonde deseja; no entanto, se evitar pensar no que está perdendo e se concentrar na sua paixão — gerando sentimentos de alegria, entusiasmo e confiança —, você provavelmente perceberá que os benefícios a serem colhidos são tão grandes que os sacrifícios valem a pena.

ALMEJANDO SER O NÚMERO 1 VS. ALMEJANDO FAZER O QUE PODE

Alguns anos atrás, eu me lembro de ter assistido a Muhammad Ali, o campeão peso-pesado de boxe, exclamar na televisão antes de uma luta: "Eu sou o maior!". Era o bordão dele. Algumas pessoas achavam que ele estava sendo convencido. Mas eu entendi que, ao entrar em uma competição, ele precisava realmente acreditar que era o maior boxeador que havia nos ringues. O que acreditava ser, ele conseguiu ser.

Criando um estado emocional em que você sinta que *você* é "o maior" lhe permitirá fazer o melhor possível e alcançar qualquer meta. Entretanto, é importante que você não seja literal demais ao almejar ser o número um. Existem algumas atividades que contemplam a existência de um número um. Mas, para ser um campeão na vida, seja o melhor que puder. Não há nada de errado em uma competição sadia, mas, para atingir o seu máximo, você não precisa necessariamente ser melhor do que todo mundo. Nem sempre é verdade que alguém tem de perder para que você ganhe — isso só vale em uma competição esportiva ou na maioria dos tipos de jogos. Quando Muhammad Ali conquistou o título, seu oponente inquestionavelmente perdeu, e teve de entregar o cinturão de campeão. Mas a crença de que *eu* tenho de ser o número um está frequentemente ligada a sentimentos de carência — ou seja, se você não chegar ao topo na frente de todo mundo, não obterá nenhuma recompensa. Só pode haver um campeão mundial de pesos-pesados de cada vez, mas podem existir muitos ótimos corretores imobiliários, milhares de autores de best-sellers e milhões de pais maravilhosos. Descobrindo o que pode oferecer com qualidade, você pode se tornar um dos melhores em sua atividade e alcançar os resultados que deseja.

Ainda há pouco, recebi um cliente que desejava se tornar um escritor de grande vendagem e um palestrante bem-sucedido. Ele trabalhou duro, acreditou na mensagem que tinha e realizou o trabalho adicional necessário para vender a si mesmo: tinha um boletim de notícias e um programa de rádio na internet, e estava sempre procurando meios de anunciar seus produtos e serviços. Entretanto, tinha uma veia competitiva muito forte. Cada vez que olhava em volta e via que outros estavam fazendo um trabalho semelhante, mas eram mais bem-sucedidos que ele, financeiramente, ele me procurava para reclamar: "Eu sou melhor do que eles, por que eles estão indo tão bem?" Era como se ele estivesse pisando fundo no acelerador, mas seu ego acionasse os freios. Ele até desenvolveu uma doença relacionada ao estresse que o manteve fora de combate por muitos meses. Acelerando e freando ao mesmo tempo, ele estava desperdiçando combustível e queimando o motor. O que ele não entendia era que, se não ficasse tão preocupado com o sucesso dos outros, seu próprio sucesso aumentaria.

Se gerarmos dentro de nós emoções de alegria, entusiasmo e

prosperidade, autenticamente, o universo trabalhará em nosso favor e produzirá situações que combinem com este estado de espírito. Abandonar a crença destrutiva de que *eu* não posso alcançar minha meta se alguém mais a alcançar abre espaço para um pensamento mais positivo: há muita abundância no mundo e todos podem partilhar dela!

O QUE É UMA META REALISTA?

Eu acredito em sonhar alto. O que torna uma meta realista, claro, é o fato de ser possível no mundo físico. Se você tem 49 anos e está pensando em começar a nadar para ganhar uma medalha de ouro nos 100 metros, nado costas, na próxima Olimpíada, pode acreditar que isso provavelmente não irá acontecer! Uma meta realista obedece aos seguintes princípios: (1) é de fato alimentada por sua paixão; (2) você está disposto a trabalhar duro e fazer sacrifícios para alcançá-la; e (3) ela pode ser alcançada em mais de uma maneira. Por exemplo, se você começar a nadar com a idade de 49 anos e praticar muito, poderá descobrir uma competição para pessoas de meia-idade, competir no nado costas e vencer! Se for criativo e receptivo em relação às formas que sua meta pode assumir, poderá descobrir uma rota para o sucesso que não havia considerado antes.

Você pode pedir qualquer coisa ao universo, mas a questão é: você está disposto a fazer o que é preciso para obter o que deseja? Embora sacrifícios e trabalho duro sejam necessários para se atingir qualquer objetivo, nunca se permita abandonar sua família, saúde e bem-estar para alcançá-lo. Se a ambição estiver exigindo esse tipo de comportamento, provavelmente está enraizada em sentimentos de autocrítica como: eu não sou bom o bastante, a não ser que faça alguma coisa grandiosa, eu não mereço me sentir bem, a não ser que eu prove que mereço. Ou então: eu tenho medo do que vai acontecer se eu não atingir esse objetivo. Se você está desesperado e está disposto a abandonar tudo para alcançar sua meta, espero que você pare e reserve algum tempo para analisar qual é sua verdadeira paixão; verifique se não está sendo impulsionado por pensamentos e sentimentos negativos.

Quando trabalho com autores que desejam que seus livros sejam best-sellers, eu faço três perguntas a eles para determinar se suas metas são realistas. São elas as seguintes:

1.
A CONQUISTA DE SUA META PREENCHERÁ
A NECESSIDADE QUE AS PESSOAS PROCURAM?

Como perita em marketing pela internet, já ensinei muitos escritores a vender seus livros motivacionais. Creio que sempre haverá pessoas que desejam melhorar a vida, alcançar suas metas e ter uma vida mais plena e feliz — portanto, sempre haverá público para esses livros. Acredito também que, frequentemente, as pessoas precisam ouvir uma mensagem muitas vezes e de formas diferentes, até que esta seja absorvida. Portanto, mesmo livros que tratem de temas que já foram abordados podem, até certo ponto, vender bem. Entretanto, às vezes, um cliente em potencial me diz que escreveu um livro sobre um assunto que interessa a um público limitado. Ou eu mesma sinto que o livro não oferece nenhum enfoque ou conceito novo. Quando é assim, eu sugiro ao autor que faça mais pesquisas antes de gastar dinheiro, energia e emoção escrevendo, produzindo e vendendo um livro para o qual não existe mercado. Todos gostam de acreditar que tiveram uma ideia que vai vender bem, mas algumas delas não são muito boas.

Quando se trata de metas pessoais, nossas necessidades sempre afetam as necessidades alheias. Se a realização dos nossos desejos cria sentimentos positivos em nós, esses sentimentos serão criados nos outros. Mas, se nossa ambição se baseia em sentimentos negativos, atingir nosso objetivo poderá na verdade prejudicar as outras pessoas.

Digamos que seu objetivo seja ganhar muito dinheiro, pois você acha que não tem o bastante; e também não está preocupado em fazer nenhuma contribuição para o mundo. Neste caso, é provável que você faça as coisas do modo mais fácil e barato para economizar dinheiro, e proporcione um produto ou serviço de qualidade inferior. Um resultado assim não traz nenhum benefício ao mundo — na verdade só traz prejuízos —, pois oferece aos consumidores motivos para serem desconfiados e pessimistas. As pessoas relutam em tentar algo novo porque já se sentiram prejudicadas antes. Isso dificulta a vida dos recém-chegados, que surgem com bons produtos e se veem na obrigação de convencer os clientes a confiar, mais uma vez, em uma coisa ou pessoa da qual nunca ouviram falar.

Se seu desejo é ajudar os outros e se tornar uma pessoa melhor, seja como cidadão, pai, mãe, filho, empregado ou empregador — contribuindo para o mundo com mais amor, generosidade e informações —, alcançar seu objetivo fará mais do que realizar suas aspirações pessoais: irá também influenciar outras pessoas de forma positiva, satisfazendo as necessidades delas. Quanto maior e incondicional for sua contribuição, mais prosperidade você terá.

2.

POR QUE AS PESSOAS DEVEM CONFIAR, APOIAR E OUVIR VOCÊ?

Muitas vezes pergunto aos meus clientes que desejam escrever livros: o que o torna um perito neste assunto? O que você tem a oferecer de diferente? Tem uma história incomum que possa atrair atenção para um tópico importante? Tem um enfoque novo para um velho assunto que possa ajudar as pessoas a aprender e a progredir? E ainda: você possui uma empatia excepcional e é capaz de ministrar ensinamentos de forma eficiente?

Seja qual for sua meta, você precisará da ajuda dos outros para alcançá-la. Portanto, é importante fazer essas perguntas a si mesmo. Você terá de identificar os dons especiais que o ajudarão a oferecer informações, recursos e apoio às outras pessoas, de modo que estas possam retribuir. Dê, e receberá. Quando você reconhece seus próprios talentos e objetivos — e os avalia —, você encontra meios de expressá-los para o mundo de forma positiva e benéfica, e, depois, colherá os benefícios.

Caso sinta que não tem nada especial a oferecer, você achará difícil estar bem consigo mesmo e conservar sua paixão, enquanto se esforça para atingir sua meta. Portanto, faça algumas pesquisas.

3.

VOCÊ TEM OS MEIOS NECESSÁRIOS PARA ALCANÇAR SUA META, OU ESTÁ DISPOSTO A OBTÊ-LOS?

Lembre-se: você não precisa conhecer o modo como chegará ao ponto que deseja, mas tem de estar disposto a trabalhar duro sem pular etapas cruciais. Você também deve ter — ou estar disposto a obter — os meios necessários, o que pode incluir capital suficiente para iniciar um negócio, talento para comunicar-se ou conhecimentos especializados.

Todos os objetivos exigirão o aprendizado de novas habilidades e o

50

aperfeiçoamento das que você já tem. Você poderá precisar de dinheiro para voltar à escola ou adquirir equipamentos; poderá precisar de um apoio emocional que lhe dê forças, assim como encontramos forças para lidar com o comportamento difícil de um filho. Você também poderá ter de aprender a enfrentar dificuldades, para que encontre equilíbrio em sua vida e permaneça feliz enquanto realiza diversas coisas ao mesmo tempo, cria filhos ou toma conta de um parente idoso. Às vezes, para obter os meios necessários, você terá de gastar muito tempo e dinheiro — o que significa fazer sacrifícios. Enquanto você analisa sua meta e o que ela exigirá, seja honesto consigo mesmo a respeito do que precisará fazer, e verifique se está preparado para atender às exigências.

Escolher sua meta requer uma análise cuidadosa, em parte porque a busca de qualquer objetivo afeta pessoas importantes para você. Se você estiver começando um novo negócio, poderá não ter muito tempo para amparar um amigo que está enfrentando um divórcio difícil ou treinar o time de seu filho. Se sua ambição exige que você se mude ou viaje mais, e você tem uma família que precisa da sua presença em casa, você poderá entrar em uma situação de conflito. Reconecte-se com sua paixão mais profunda e permaneça receptivo às diferentes formas que suas metas podem assumir — assim será mais fácil descobrir as opções que você tem à disposição.

Ao definir seus propósitos, considere as necessidades das pessoas que você ama, e declare o que deseja para ela. Por exemplo: estou adorando nossa nova casa, a vizinhança é perfeita, e minha família está radiante com a mudança; ou então: estou indo muito bem nas aulas noturnas da universidade, e meu marido e meus filhos estão me apoiando com entusiasmo.

PERMANECENDO FLEXÍVEL SEM SE CURVAR DEMAIS

Às vezes, ficamos presos demais a ideias limitadas a respeito de nossa meta. O que significa ter sucesso na carreira? O que significa ser um bom pai? Analisar o que você realmente quer irá ajudá-lo a encontrar seu caminho, e também lhe permitirá tolerar melhor as muitas formas que seu objetivo pode assumir. Nem sempre se pode saber como as coisas serão.

Quanto eu tinha meus vinte anos, defini uma meta: queria estar casada quando tivesse cerca de trinta anos, então o tempo foi passando e encontrei o príncipe encantado. No final da casa dos vinte, eu mantinha um relacionamento com um cavalheiro muito gentil, que me propôs casamento. Naquele momento percebi que, embora o casamento fosse importante para mim, realmente não precisaria acontecer quando eu estivesse com trinta anos. O mais importante seria casar com a pessoa certa. Mas, no fundo do coração, eu sabia que não era o caso daquele homem. No final das contas, tive de ser flexível quanto ao cronograma da minha meta.

Você também pode ter de fazer ajustes em função do aspecto assumido por sua meta. Talvez obtenha riqueza e prosperidade, por exemplo, de um modo diferente do que pretendia. Você também pode ter de reconsiderar suas definições de sucesso. Precisa mesmo ser o vendedor com maior número de vendas para se achar um sucesso na firma? Tem de ganhar determinada quantidade de dinheiro? Ser um bom pai significa jamais cometer um erro? Se for fiel aos desejos de seu coração, irá descobrir que, embora o objetivo que alcançou tenha se revelado muito diferente do que você esperava, você está satisfeito e não se sente ressentido. O universo tem ideias próprias a respeito de como realizará seus sonhos — e você ficar ainda mais feliz do que imaginava inicialmente.

Embora seja maravilhoso atingir as metas que estabelecemos para nós mesmos, é importante reconhecer que elas não constituem o único fator de felicidade e realização. Eu serei sempre alguém que adora estabelecer e atingir objetivos, mas os que me proporcionaram maior alegria eram fundamentados na paixão no desejo de tornar o mundo melhor, mesmo que minha contribuição fosse minúscula.

Foi ótimo comprar um bom carro e um apartamento espaçoso em meus primeiros anos de trabalho. E certamente gostei dos relacionamentos amorosos que tive em minha vida. Mas o que faço agora — ajudar os outros a alcançar suas metas, influenciando suas vidas de forma substancial e positiva — me fez perceber que ser produtiva e bem-sucedida não é o bastante para mim. Durante muito tempo, deixei de fazer a coisa mais importante: usar meus dons e talentos especiais para ajudar outras pessoas de modo significativo. Seria ajudar os outros a solução que eu estava procurando?

FAÇA AOS OUTROS

"Você conseguirá tudo o que quiser na vida se ajudar uma quantidade suficiente de pessoas a conseguir o que quer."

Zig Ziglar

Sempre fui ambiciosa e sempre tive muitos objetivos. Mas, mesmo no início de minha carreira de vendedora, meu foco não estava em minha quota de vendas; estava em fazer as pessoas conhecerem um produto ou serviço que iriam valorizar. Eu ficava de fato empolgada com o que estava vendendo, e meus resultados refletiam isso. Quando vendia sistemas e *software* para computadores, eu adorava expor as características dos produtos, demonstrando aos possíveis clientes como nossas máquinas poderiam resolver problemas cujas soluções eles não tinham conseguido imaginar. Depois de fazer a venda — o que geralmente conseguia facilmente, por conta da minha paixão e dedicação em adequar o produto ao cliente —, eu me alegrava em receber telefonemas de clientes com problemas e ajudá-los a obter o máximo do equipamento que haviam comprado. Também percebi que aquelas conversas me ajudavam a aprender mais sobre o produto — ou seja, ao ajudar, eu também recebia benefícios. Então, repassava o conhecimento recém-adquirido para o próximo cliente, valorizando ainda mais o produto.

Eu adorava meu trabalho e ganhava um bom dinheiro. Mas comecei a perceber que o que me deixava mais empolgada era prestar serviço aos outros. Certo dia, ouvi uma palestra realizada por Zig Ziglar, onde ele disse que, quando você ajuda alguém a alcançar um objetivo, está ajudando a si mesmo. Então pensei: *exatamente!*

O que aprendi, no entanto, foi que não devemos ficar esperando uma retribuição proporcional ao que demos. Doar generosamente, sem necessidade de contabilizar a ajuda é coisa que ocorre naturalmente quando abrimos nosso coração, conectamo-nos ao amor e elevamos o nível de emoções positivas que nos ajudarão a gerar sucesso e prosperidade.

As perguntas: como posso contribuir com os outros de forma benéfica? Como posso ajudar? não significam que você vai ser explorado pelos outros. Em vez disso, oferecem um propósito. Você pode fazer a diferença na vida de alguém, mesmo que seja em pequena escala.

AS MUITAS FORMAS DE AJUDAR OS OUTROS

Pouco tempo atrás, contratei uma equipe de filmagem para gravar um comercial para a publicidade do meu livro *21 Distinctions of Wealth*. Saímos então pelas ruas de Ottawa, cumprimentando pessoas que, por intermédio do meu *website* ou do meu boletim, tomaram conhecimento da gravação. Perguntei se alguém tinha uma história para contar que pudesse ser usada em nosso curta-metragem. Uma jovem atraente chamada Lisa me disse que tinha ouvido falar do meu trabalho por meio de uma amiga que queria ajudá-la.

Lisa era uma jovem mãe que tinha sido diagnosticada com uma doença grave e potencialmente fatal. Depois de fazer uma pesquisa sobre o tratamento que seu médico havia recomendado, tomou uma decisão corajosa: abandonou o tratamento convencional e começou a se tratar com um praticante de terapia alternativa. Seu médico e seu marido ficaram apreensivos, mas ela estava decidida. Uma amiga dela lhe deu um de meus livros e lhe forneceu informações sobre o meu trabalho, na esperança de que Lisa aprendesse alguns métodos para controlar seus pensamentos e emoções, maximizando o processo de cura. Lisa me disse que uma de minhas meditações tinha se tornado uma ferramenta decisiva para ela, que a usava diariamente para visualizar seu corpo novamente saudável. Depois, agradeceu-me por ter escrito livros que ela achara tão úteis. Eu respondi:

— De nada. E muito obrigada a *você* por ter me contado isso!

Nunca tinha me passado pela cabeça que meus conselhos poderiam ser usados para ajudar alguém a superar uma crise de saúde tão séria, e me senti verdadeiramente humilde ao ouvir a história de Lisa. Para mim, o simples fato de saber que uma coisa que eu dissera, escrevera ou criara fora capaz de ter um efeito tão poderoso sobre outra pessoa encheu meus olhos de lágrimas. Eu disse a ela que não fora eu quem fizera o trabalho duro de escutar a voz interior e usar as técnicas de cura todos os dias, de modo a obter aqueles resultados extraordinários — fora tudo obra *dela*.

Eu nunca deixo de me sentir agradecida pela oportunidade de fazer uma contribuição positiva para a vida de outras pessoas — é isto que dá sentido à minha própria vida. Eu acredito que, se mais pessoas encontrassem suas próprias maneiras de serem úteis, isso as faria vivenciar também um forte sentimento de alegria, gratidão e propósito. Quando nos conectamos com nossas paixões e talentos mais profundos e os usamos em benefício de todos, descobrimos o quão profundamente podemos influenciar as outras pessoas.

Todos temos, de alguma forma, o potencial para contribuir; ou seja, podemos tornar nosso cantinho de mundo mais bonito e alegre. Às vezes, pensamos que, se não podemos fazer algo grande, que sentido haverá em fazer alguma coisa? Mas se ajudarmos os outros, de coração, mesmo um pequeno gesto pode ter um grande impacto.

Os seres humanos podem contribuir de diversos modos, mas, por vezes, negligenciamos os maravilhosos poderes que temos, e que podem ser usados em benefício de outros. Muitas mulheres, por exemplo, são ensinadas a expressar solidariedade e a interagir com as pessoas de forma emocional, enquanto os homens são ensinados a ajudar os outros de modo mais prático. Ambas as contribuições são válidas. Alguns podem achar que, se não estão doando seu tempo, mas somente dinheiro, não estão oferecendo nada de valor. O que importa, entretanto, é doar com generosidade.

Se você começar a pensar que os outros vão pensar mal de você, caso você os ajude de forma errada, isto pode ter um efeito negativo. Examinando as crenças que estão gerando seu mal-estar, você se libertará delas e começará a ser útil de todos os modos, colhendo os benefícios de sentir que fez a diferença na vida de alguém.

A seguir, você encontrará três maneiras importantes de ajudar quem precisa: oferecendo apoio emocional, compartilhando nossas vulnerabilidades e oferecendo ajuda prática.

1.

OFERECENDO APOIO EMOCIONAL

Embora nem sempre seja possível nos colocarmos no lugar dos outros, simplesmente dizer: eu sinto muito que você esteja sofrendo e oferecer qualquer tipo de ajuda, faz diferença. Uma amiga minha, por exemplo, sentia-se arrasada com a grave doença que acometera seu pai. Certo dia, uma funcionária do governo, que conversava com ela sobre um requerimento de assistência social para o enfermo, disse a ela que resolveria um problema que surgira no processo. E também disse a ela: sinto muito que você esteja passando por isso. Sei que é difícil e realmente espero que você tire algum tempo para cuidar de si mesma, pois cuidar de uma pessoa doente pode ser muito extenuante. Eu passei por isso quando cuidei de minha mãe, e sei como pode ser duro, portanto seja boa com você mesma. Bem, tenho certeza de que expressar solidariedade e compaixão não era a função oficial daquela mulher. Mas ela viu a oportunidade de ajudar outra pessoa, e suas palavras foram muito reconfortantes para minha amiga.

Infelizmente, às vezes, deixamos que nossas próprias inseguranças nos impeçam de oferecer apoio emocional a outras pessoas. Permanecemos em silêncio, com medo de dizer a coisa errada. Porém, nunca é inadequado dizer: sinto muito pela perda que você teve ou eu gostaria de poder fazer alguma coisa. Expressar solidariedade simplesmente é, muitas vezes, a melhor coisa que podemos fazer por alguém que esteja sofrendo.

É importante lembrar, entretanto, que os sentimentos das pessoas podem mudar. Aceite o estado emocional delas, e tome cuidado para não sugerir que determinadas emoções estejam certas ou erradas para elas. Eu tinha uma amiga casada com um homem controlador, e que a desrespeitava verbalmente. Eu nunca gostara dele. Portanto, quando ela me disse que iria deixá-lo porque ele era frio e cruel, eu concordei com a opinião dela e lhe disse que ela tinha direito de ir embora. Poucas semanas depois, ela mudou de ideia... Como eu tinha expressado meus sentimentos a respeito do marido dela com muita veemência, as coisas ficaram embaraçosas entre nós durante algum tempo. Foi quando aprendi que a melhor coisa a fazer quando alguém está às voltas com emoções contraditórias é dizer: deve estar sendo muito difícil para você ou estarei sempre à sua disposição quando você precisar falar com alguém.

Não ajuda em nada oferecer mais motivos para as pessoas se sentirem mal. A negatividade é uma coisa venenosa. Consolar um indivíduo dizendo: é claro que você está com raiva, você tem um monte de motivos para estar magoado! E assim por diante, lembrando que ele tem todas as razões para estar furioso, apenas o deixará cada vez mais irritado. Portanto, em vez de ajudá-lo a mergulhar nas emoções negativas, apenas reconheça seus sentimentos. Então, tente conseguir que ele visualize como estaria, caso ele se sentisse feliz novamente.

Aqueles que estão sofrendo muito, por vezes, não conseguem perceber que ainda têm forças. É como se estivessem em pânico num quarto cheio de fumaça durante um incêndio, incapazes de alcançar a saída. Você pode encorajá-los a acreditar neles mesmos, fazendo com que se lembrem de como triunfaram sobre a adversidade no passado. Diga que sempre admirou o vigor deles e tente inspirá-los contando a história de alguém que superou um desafio semelhante. É importante utilizar frases estimulantes, como: eu não sei como isto vai ficar, mas tenho certeza de que você vai superar tudo. Você tem motivo para se sentir assim e, no fundo do meu coração — embora eu saiba que é difícil acreditar nisso agora —, sinto que você vai ficar bem. Algum dia, você vai conseguir olhar para trás e ver como foi corajoso e como ficou ainda mais forte depois desta experiência. O simples fato de lembrar a outra pessoa que a felicidade poderá ressurgir pode dar a ela esperança e fé, que são presentes de um valor inestimável.

Quando as pessoas importantes para mim estão sofrendo, eu as encorajo a imaginar o bem que pode resultar daquela situação. A oportunidade de acordar para o que é realmente importante, de adquirir uma nova percepção que será útil no futuro e, enfim, mudar uma coisa que tem sido problema há muito tempo — tudo isso pode ser uma bênção inerente aos desafios da vida. Depois, tento ajudar as pessoas queridas a gerar um sentimento que gostariam de vivenciar, talvez em conexão com o futuro. Sugiro então que visualizem uma época em que voltarão a estar perfeitamente saudáveis; ou sentindo-se seguros. Eu sei que, se conseguirem produzir emoções positivas, começarão a atrair situações que se harmonizem com o novo estado de espírito.

Nem sempre você conseguirá arrancar as pessoas da melancolia, mas poderá plantar uma semente positiva que germinará no futuro. Quando o sentimento negativo se abrandar um pouco, elas poderão se lembrar do que você disse e aproveitar suas palavras. Por outro lado, se lhes disser que têm todas as razões para estarem tristes, furiosas ou cheias de rancor, você estará jogando lenha na fogueira. Encoraje-as a simplesmente aceitar o que estão sentindo no momento, e comece a falar sobre algo positivo. Desse modo, estará jogando água sobre as chamas, ajudando as pessoas a apagá-las.

Você também pode sentir dificuldade em se aproximar de um indivíduo que não conhece bem, pois fica pouco à vontade com problemas emocionais. Mas pode acreditar no que digo: caso você se apresente — ou se reapresente — e expresse solidariedade, pode fazer muito para ajudá-lo a se sentir melhor. Vale a pena deixar a insegurança de lado e falar.

2.

COMPARTILHANDO NOSSAS VULNERABILIDADES

É fácil nos sentirmos isolados quando a vida está difícil, como se ninguém pudesse entender ou se solidarizar com o que estamos atravessando. Porém, como minha amiga aprendeu em sua experiência com a funcionária do governo, uma voz que diz eu também passei por isso pode proporcionar encorajamento e uma sensação de apoio.

Focalizar o que é positivo e ter fé no universo é importante — mas mesmo pessoas que se esforçam para permanecer otimistas e alegres às vezes sentem-se inseguras. Saber que outros são solidários pode diminuir esse sentimento negativo; entretanto, muitos de nós, quando temos uma oportunidade para nos aproximar de pessoas em dificuldades e confortá-las, dizendo que sabemos como é estar na posição delas, frequentemente nos refreamos. Talvez por recearmos que elas se ressintam do fato de estarmos entrando em sua intimidade.

58

Quando eu tinha meus vinte anos, por exemplo, lembro-me que estava dando um passeio no parque perto de minha casa, quando avistei uma mulher sentada embaixo de uma árvore, chorando baixinho. Senti pena dela e me perguntei o que poderia fazer para ajudá-la: devo me aproximar dela e tentar descobrir qual é o problema? Talvez ela esteja apenas precisando chorar e queira fazer isso neste lindo recanto de natureza. Provavelmente, quer ficar sozinha, e minha tentativa para oferecer consolo talvez apenas piore as coisas. Embaraçada, acabei lhe desejando amor e coisas boas silenciosamente, e continuei minha caminhada. Mas fiquei na dúvida se havia feito a melhor escolha.

Nunca poderemos saber com certeza o que as pessoas desejam de nós, se não perguntarmos. É possível que hesitemos, por não termos certeza de que, se expusermos nossas vulnerabilidades, iremos de fato ajudar alguém. Sempre vale a pena correr o risco e nos aproximarmos dos outros seres humanos. Às vezes, eles irão ficar ressentidos com a intrusão; se assim for, temos de entender que isto se deve apenas ao fato de que estão assustados. Devemos, então, demonstrar bondade, em vez de ficarmos magoados. Se usarmos de nossa compaixão, descobriremos que temos o poder de suportar a rejeição — se alguém não aceitar nossa solidariedade, ainda poderemos lhe desejar felicidade, silenciosamente, e prosseguir nosso caminho.

Um exemplo de quando fui capaz de superar sentimentos de vulnerabilidade em meu benefício ocorreu na primeira vez que fui a uma exposição de livros. Eu não tinha nenhum compromisso predeterminado, e estava apenas seguindo as recomendações de Mark Victor Hansen, autor de best-sellers. Mark sugerira que eu me encontrasse com outros escritores e aprendesse o que pudesse ser útil para a comercialização do livro que eu escrevera e publicara com meus próprios recursos. Em vez de me permitir ficar nervosa e parecer ingênua, simplesmente mantive em meu coração a convicção de que aquele era um lugar cheio de pessoas que me ofereceriam apoio e conselhos sobre como fazer meu livro chegar às mãos do maior número possível de pessoas. Eu dizia a mim mesma que receberia muitas dicas boas, pois era óbvio que minha motivação era divulgar uma mensagem que ajudaria outras pessoas... E aquela exposição ultrapassou totalmente as minhas expectativas! As pessoas que encontrei eram bondosas, amáveis e estavam dispostas a me orientar de todas as formas possíveis — fiquei muito surpresa com a profundidade dos conselhos que recebi. Como tinha ido lá de coração aberto e com a intenção de entrar em contato com pessoas que pudessem me ajudar a realizar meu sonho, encontrei o que estava procurando. Acabei esbarrando (literalmente) em alguém que me apresentou a um número incontável de pessoas prestativas!

Mas também encontrei alguns desses indivíduos que insistem na ideia de que todo mundo deve ter uma programação predeterminada. Não acreditam que possam encontrar, de outra forma, o apoio necessário — talvez se sintam assim porque é o modo como *eles* trabalham. Sinto pena das pessoas que têm esta mentalidade, pois não sabem o que é a alegria de dar e receber livremente.

3.
OFERECENDO AJUDA PRÁTICA

Quando os outros estão sofrendo, é natural querer ajudar... mas, às vezes, é difícil saber o que fazer. Você pode perceber uma carência e achar que não tem nada a oferecer. No entanto, se criar emoções positivas dentro de si mesmo, você se conectará com sua criatividade e encontrará meios de ser útil.

Sempre que as pessoas estão em crise, a intensidade de suas emoções negativas aumenta, o que reduz sua imaginação. Isto me lembra uma amiga minha que, após perder o marido, entrou em um estado de choque e angústia tão grande que se sentia arrasada com os problemas mais simples. Embora ninguém pudesse fazer sua dor passar, aqueles de nós que éramos próximos a ela fizemos o que podíamos para ajudá-la a encontrar uma solução para a crise financeira provocada pela morte do marido, bem como para lhe oferecer todo tipo de ajuda prática que fosse possível.

Muitos se ofereceram para tomar conta de seus filhos pequenos, se ela precisasse de algum tempo sozinha; outros lhe trouxeram refeições prontas, para que ela tivesse um congelador cheio de alimentos num momento no qual a última coisa em que queria pensar era cozinhar ou comer de modo saudável. Muitos meses mais tarde, ela me disse que uma das coisas mais gentis que alguém lhe fizera fora ir até sua casa com um limpador de neve, sempre que nevou naquele inverno, para limpar o acesso à garagem e à porta da frente... Ela sempre dependera do marido para fazer esse trabalho. Limpar neve pode parecer pouca coisa, mas a consideração demonstrada por aquele vizinho realmente a emocionou — ele simplesmente viu uma necessidade e a atendeu. Ter menos um encargo serviu para aliviar as preocupações dela.

Às vezes, oferecer uma informação-chave pode ajudar outra pessoa. Como quando minha amiga Arielle Ford divulgou uma ideia que encontrara em um livro chamado *The Big Leap* (O grande salto), de Gay Hendricks. Esse conceito é chamado de *problema do limite máximo*, e seu postulado é que todos nós temos um problema que não conseguimos resolver. Talvez por estarmos na defensiva, sem vontade de desenvolver uma nova habilidade ou de correr um risco que achamos não valer a pena. Podemos também nem estar percebendo que existe um limite máximo. Seja qual for o bloqueio, o fato é que nos refreamos.

Quando Arielle, que me conhece bem, me falou sobre esse conceito, sugerindo que eu o analisasse, logo percebi qual era meu próprio limite máximo: medo do sucesso. Eu temia que, se obtivesse sucesso, o trabalho ocuparia todo o meu tempo e eu não seria capaz de equilibrá-lo com minhas outras atividades. As palavras dela me fizeram perceber que este era o meu limite. Na mesma hora, comecei a analisar o teto que estabelecera para mim mesma e tive vontade de atravessá-lo.

É importante tentar entender por que as pessoas estão evitando alguma coisa, e apontar o que se recusam a examinar, atitude que pode ser constrangedora para todos os envolvidos. Se você tem uma estratégia a sugerir e receia que as pessoas possam ficar na defensiva, achando que você está lhes dizendo o que devem fazer, há muitos meios de dar um conselho ou uma opinião de modo gentil. Diga: não sei se você já tentou isto, mas funcionou comigo; ou: não sei se vai funcionar, mas ouvi dizer que outras pessoas tiveram um problema parecido e obtiveram resultados muito bons quando..., e fale sobre sua estratégia. Ou diga: "Não tenho certeza se você já percebeu, mas notei uma coisa que pode não estar funcionando com você". Se você quiser realmente ajudar os outros a achar um método para melhorar uma situação, é fácil encontrar palavras de apoio e fornecer informações valiosas sem parecer que está tentando lhes dizer o que devem fazer. A informação certa, oferecida de forma amorosa, pode fazer uma enorme diferença na vida de alguém.

QUANDO VOCÊ NÃO SE SENTE BEM EM AJUDAR

O medo de ser generoso demais e de ser usado inescrupulosamente por outras pessoas pode ter origem em experiências passadas. Para abrir seu coração e se tornar generoso novamente, você tem de se expor, acreditando que, independentemente do que aconteça ou de como seja tratado, você ficará bem. Neste mundo, é verdade, pode haver pessoas que irão tentar se aproveitar de você. Mas, quando você se sente bem consigo mesmo, e está ajudando com uma atitude de alegria, generosidade e entusiasmo, não atrairá pessoas desse tipo. Caso apareçam em sua vida, é porque você precisa prestar mais atenção e aprender a lição do amor-próprio, o que requer que você perceba quando está começando a ser usado — e se importe consigo mesmo o bastante para dizer: isto não está certo.

Quando você começa a perceber que alguém está tirando muito de você e não lhe está dando nada de volta e descarta esta sensação desconfortável porque não quer parecer tolo, magoado ou irritado, você perde a oportunidade de aprender uma lição. Tenha em mente que todas as emoções são temporárias, e as que provocam sofrimento existem para que você possa fazer descobertas e progredir. Escute os pensamentos dolorosos e compreenda quando alguém não o está tratando bem. Não fique nervoso, pensando: como ele ousa! Procure gerar calma e tranquilize a si mesmo: tudo bem, eu estou percebendo que isto é um aprendizado. Quanto mais calmo você fica, mais fácil será enxergar suas opções, aprender uma lição e se conectar com sua coragem, de modo a confrontar respeitosamente a outra pessoa.

Eu tenho uma amiga chamada Karen, que estava tentando ajudar sua mãe idosa, que podia ser muito irritante e exigente. Karen me disse:

— Às vezes, ela pode ser gentil e amorosa, mas para mim é difícil relaxar e aproveitar o bom humor dela — tenho medo de que, se me mostrar vulnerável de novo, ela mude de atitude e diga algo que me magoe. Não posso confiar nela, e isto me deixa muito triste.

O segredo de acreditar nos outros, permanecendo receptivo e generoso, é entender que é *você* quem determina suas emoções. Ninguém pode *fazer* você se sentir magoado. Pode ser que você passe por um momento em que sua resposta automática ao comportamento de outra pessoa seja tristeza ou raiva, mas não precisa pôr lenha na fogueira. Vivencie a sensação por alguns minutos, perceba o que pode aprender com ela, e descarte-a. Ela vai se desvanecer, como acontece com todas as emoções, por mais intensas que sejam.

Karen compreendia que o comportamento de sua mãe não tinha relação com ela; era o resultado do medo que a velha senhora tinha de perder o controle sobre sua vida. Mas minha amiga conseguiu compreender que, ao sentir uma resposta emocional instantânea ao comportamento da mãe, teria de fazer uma pausa e lembrar-se do que estava causando aquela reação. Em vez de gerar pensamentos que aumentariam os sentimentos negativos, ela simplesmente os interromperia e diria a si mesma: mamãe está reagindo assim por que está com medo, criando um clima de compaixão para ambas. Também era útil identificar o que a mãe poderia estar sentindo, e dizer em voz alta: eu sei que você não está com vontade de ir ao consultório médico novamente, mas temos de ir. Aliás, vamos ter a chance de bater um papo no carro. E as folhas das árvores estão muito bonitas nesta época do ano — você precisa ver!

A gentileza de Karen diminuía a intensidade de sua frustração, e tinha o mesmo efeito sobre sua mãe. Optando por emoções e palavras positivas, que acalmavam a velha senhora, ela encontrou uma forma criativa de melhorar a situação. O poder das emoções positivas lhe deu o poder de continuar a ser uma filha generosa e gentil, sem se desgastar.

O QUE ACONTECE QUANDO VOCÊ OFERECE AJUDA COM UMA DISPOSIÇÃO NEGATIVA

Às vezes, você pode doar muito e sentir-se exausto. Quando isso acontece, é quase sempre porque sua ajuda está baseada em emoções, crenças ou sentimentos negativos. Se, por exemplo, você sente que alguém não vai gostar de você, ou que você vai sofrer muito, a menos que se sacrifique até a exaustão, é preciso fazer mudanças. Ao começar alguma coisa com generosidade e amor por si mesmo, assim como por todos à sua volta, você não vai gerar emoções, crenças e sentimentos negativos com muita frequência. E, se isso ocorrer, você deixará de lado os sentimentos de culpa e examinará as razões de estar se prendendo a uma situação que lhe causa sofrimento.

Se estiver zangado e ressentido, você não poderá ajudar outras pessoas amorosamente. Ao sentir estes sentimentos destrutivos, você poderá analisá-los, perguntando a si mesmo por que teve tal reação. Talvez descubra algum pensamento improdutivo, que gostaria de descartar. Se já souber a resposta, simplesmente permita que a emoção permaneça por alguns instantes, observando: tudo bem, esta emoção vai passar, e eu não quero sentir isso; prefiro sentimentos positivos. Então, enquanto a emoção se desvanece, escolha um sentimento positivo que gostaria de vivenciar no lugar dela, e crie este sentimento dentro de você. Você pode gerar um pensamento edificante, ou uma imagem mental que o ajude a permanecer compassivo, confiante ou alegre. Respire lenta e profundamente, pois isto o ajudará a desligar o sentimento desfavorável e ligar um sentimento de alegria. Você então terá forças para agir de um modo que beneficie todos os envolvidos. Quando você ama e aceita a si mesmo, sempre descobrirá meios de oferecer ajuda.

Às vezes, Karen achava melhor deixar o quarto quando sua mãe se irritava, de modo a ficar sozinha enquanto se engajava no processo de se desligar de uma emoção destrutiva. A mãe dela ficava ainda mais agitada, mas Karen sabia que precisava fazer isso para retornar a uma atitude de compaixão. Depois, voltava para o quarto da mãe. Minha amiga entendeu que não poderia doar nada a ninguém se não reabastecesse seu tanque de positividade. É como quando você está em um avião e lhe explicam que, no caso de uma emergência, caso esteja viajando com uma criança pequena, você precisa colocar sua própria máscara de oxigênio, antes de colocar a máscara nela. Você não pode ajudar ninguém se estiver se sentindo exausto ou frustrado.

Mesmo nos negócios, onde se recebe remuneração pelo trabalho feito, sempre doe aos outros incondicionalmente. Eu não posso dar um livro de graça ou realizar um seminário grátis para todos os indivíduos cujas histórias me toquem o coração. Mas, em determinadas ocasiões, doei meus produtos, meu tempo e meus conhecimentos, sem esperar nada em troca. Quando desejo oferecer meus produtos gratuitamente, torno isto muito claro — e me sinto bem comigo mesma, pois sei que estou doando algo de valor.

As pessoas que têm autoestima baixa tendem a doar excessivamente, na esperança de se sentirem melhor com elas mesmas. Quando não acreditam que têm algo de valor a oferecer, podem não ajudar ninguém, privando-se da alegria de dar e receber. Contribuir com o que se tem não precisa ser um sacrifício penoso. Você não precisa fazer votos de pobreza para ser uma boa pessoa. Sabendo quais são suas necessidades e amando-se de forma incondicional, você não se sentirá desesperado para obter aprovação, ou amedrontado com a possibilidade de não receber nada. Encontrará, então, o equilíbrio certo entre doar e aceitar, e vivenciará o prazer de fazer diferença, ajudando outras pessoas alegremente e de coração aberto.

Ajudar os outros seria então o segredo da vida? Eu adoro ser capaz de oferecer ajuda ou algo de valor sem medo, acreditando que o universo irá retribuir. Mas descobri que há um modo de criar prosperidade, alegria e fé dentro de mim mesma que me mantém avançando — mesmo quando me sinto por baixo, com dificuldades para doar: vivenciar um sentimento de gratidão. Na verdade, a gratidão gera em mim emoções tão poderosas e positivas, que sou obrigada a me perguntar: seria a gratidão *A solução*?

OBRIGADO!

"A oração correta jamais é de súplica, mas de gratidão."

Neale Donald Walsh

Eu tenho encontrado grande alegria em ser capaz de fazer diferença na vida das pessoas. Mas houve uma época em que vi como é difícil continuar a doar com entusiasmo quando não se recebe em troca nenhum encorajamento, reconhecimento ou agradecimento.

Há muitos anos, trabalhei para uma empresa em que de fato acreditava. A firma fabricava produtos de qualidade, e eu estava sempre disposta a fazer um esforço extra para ajudar meus clientes; desta forma, atingia com facilidade as metas de venda que me eram estabelecidas. Mesmo assim, estava cada vez menos entusiasmada com meu trabalho, e o motivo era meu chefe. Embora ele fosse bastante gentil, não era exatamente efusivo em seus elogios; quando eu realizava uma venda espetacular, ele sorria levemente e murmurava: hum, muito bem, Peggy. E logo passava a falar do que esperava que eu fizesse em seguida.

Eu era muito automotivada, mas, por melhor que fosse meu desempenho, ele se entusiasmava tanto com minhas realizações quanto um pano de pratos. Depois de alguns meses, diante de tão pouca reação positiva, comecei a perder o gás. Pensava em procurar outro trabalho, mas sentia-me tão por baixo que não tinha disposição. Queria atualizar meu currículo e dar alguns telefonemas, mas nunca achava tempo para isso.

Certo dia, deparei-me com uma citação de Melodie Beattie, uma de minhas escritoras favoritas: "A gratidão desencadeia a plenitude da vida. Faz o que possuímos ser o bastante, ou até mais. Transforma a rejeição em aceitação, o caos em ordem, a confusão em clareza. Pode transformar uma refeição em um banquete, uma casa em um lar, um estranho em um amigo".

Na mesma hora, pensei: é isso! É isso o que eu estava procurando! Achei que tinha encontrado a fórmula para me sentir uma vencedora — o segredo do sucesso e da realização — e concluí que precisaria viver uma vida de gratidão. Para isto, eu teria de anotar conscientemente minhas muitas dádivas, e me sentir agradecida todas as vezes que pensasse em uma delas. Embora eu só começasse a escrever meu diário de gratidão alguns anos depois (hoje o mantenho há mais de uma década), adquiri o hábito de reservar algum tempo, todos os dias, para pensar nas coisas pelas quais era grata, e para sentir a força que esta prática injetava em meu corpo. Com a gratidão vieram sentimentos de esperança e confiança, além de curiosidade sobre a direção que minha vida tomaria, e quais as dádivas que viriam a seguir. Eu sentia meu corpo mais vivo e sabia que algo fantástico iria ocorrer comigo. Só precisaria imaginar o que desejava, e logo saberia o que fazer.

Foi uma transformação poderosa, pois me sentia deprimida naquela época. A mudança para uma profunda sensação de felicidade, súbita e drástica, não aconteceu porque alguém me cobriu de elogios, foi, sim, o resultado de minha opção por sentir emoções positivas.

GRATIDÃO PELO QUE TEMOS HOJE

Quando você decide parar de resistir às circunstâncias presentes, você se livra da raiva, das frustrações, do ressentimento, da tristeza e das preocupações; isto o leva a criar emoções positivas. Você consegue ter uma perspectiva mais ampla de tudo o que está acontecendo, em vez de se concentrar nos elementos que o desagradam. Você se abre ao sentimento de gratidão por tudo o que é bom e à valorização de tudo o que é positivo em sua vida — agora.

Imagine por um momento que a gratidão é o combustível de um carro que pode levá-lo a qualquer lugar. Você poderá dispor deste poderoso veículo — com o tanque cheio — se perceber todo o seu potencial. Se tudo o que fizer, porém, for notar as falhas do carro, dizendo coisas como: não há muito espaço para as pernas... a cor da pintura está ruim... não é este o carro que eu queria, você não notará o tanque cheio, os pneus bons ou a chave que está segurando, pronta para ser inserida na ignição.

Ao abandonar todos os sentimentos negativos a respeito de sua situação, você começa a enxergar as coisas pelas quais deve ser grato. Sua saúde pode estar boa, mas será que você diz todos os dias: obrigado pela minha saúde excelente! Eu sou abençoado!? Se fizer isto, talvez nem note uma dorzinha aqui, outra ali.

Concentrar-se no que é negativo e no que nos falta não resulta da incapacidade de pensar positivamente. Muitas vezes, quando reclamamos disso ou daquilo, estamos simplesmente agindo por hábito. Durante o dia inteiro, somos bombardeados por anúncios que nos lembram de tudo o que não temos. Nós não compraríamos tantos produtos e contrataríamos tantos serviços se não sentíssemos uma sensação de carência e inutilidade — os profissionais de *marketing* sabem jogar com essas emoções. É preciso um esforço consciente para nos livrarmos da desgastante tendência a vermos só o que está errado, em vez de enxergarmos o que está certo — e criarmos uma valorização de tudo o que temos.

A ENERGIA DA GRATIDÃO

A gratidão traz com ela uma energia poderosa. Quando você se sente grato, diverte-se mesmo que esteja trabalhando duro sem obter resultados imediatos. Se precisa se forçar a fazer o que tem de fazer, isso talvez se deva ao fato de que você não está sentindo essa maravilhosa sensação de reconhecimento. Sem ela, seu tanque está vazio. Você não tem combustível para levá-lo à frente.

Para criar um sentimento de gratidão, pare e pense sobre todas as bênçãos que existem em sua vida. A lista das coisas pelas quais você pode se sentir grato é infindável: saúde; relacionamento com amigos, namorados, membros da família e vizinhos; dinheiro e bens materiais;

inteligência; habilidades; e por aí vai. Faça uma pausa durante o dia, perceba as dádivas que tem e declare: eu tenho muita sorte! Seja grato pelas pequenas coisas. Tente andar pela casa ou pela rua, qualquer dia, agradecendo por todas as coisas que puder: obrigado pelo ótimo tempo que está fazendo. Obrigado pelos meus sapatos, que são realmente confortáveis. Obrigado pela minha lavadora de pratos, por toda a comida que está no refrigerador e pelo calor do sol que está entrando pela janela. Diga em voz alta: estou muito grato por ter saúde e por ser capaz de preparar um bom café da manhã. Sou grato por ter um carro confiável para me levar ao trabalho em segurança. Se a distância até seu trabalho é curta, seja grato. Se for longa, seja grato — afinal de contas, isso lhe dará tempo para ouvir música, escutar o noticiário ou fazer afirmações.

Ao notar os aspectos positivos de todas as circunstâncias de sua vida, não se limite a dizer: que sorte! Sinta isso! Mantenha um diário de gratidão e, todos os dias, registre cada pequena coisa que esteja contribuindo para a sua felicidade e sensação de boa sorte. E repare em como você fica energizado quando adquire o hábito de ser — e de se sentir — grato.

Quanto mais gratidão sentir, mais este sentimento crescerá. Quando isso acontece, é como uma descarga de eletricidade que percorresse sua casa, acendendo todas as luzes e ligando os equipamentos elétricos — só que, no caso, os sentimentos positivos e a criatividade é que são ligados. Todas as emoções positivas, da autoconfiança à felicidade, irão emergir em resposta à sua gratidão aumentada.

É útil pensar que as emoções estão interligadas e que são controladas pelo mesmo interruptor. Ao colocar o interruptor na emoção positiva, você ligará automaticamente todas as emoções positivas, saindo da negatividade. Com toda esta energia e luz, duas coisas acontecerão: (1) você se sentirá revigorado e pronto para agir, libertando-se das resistências e da inércia; e (2) você entrará em contato com sua criatividade — a "luz" das ideias. Eis uma explicação detalhada dessas duas coisas.

1.
A GRATIDÃO SUPERA OS OBSTÁCULOS

Quando você não se sente reconhecido, progredir na vida pode exigir um esforço enorme, e as barreiras podem parecer infinitas. A percepção de tantos obstáculos acabará fazendo com que você se sinta fatigado e acabe desistindo.

Sempre que estiver enfrentando qualquer forma de resistência, a gratidão tem o poder de dissolvê-la rapidamente. Isto acontece tanto quando o obstáculo está dentro de você (como o medo ou a crença de que você não será capaz de atingir o objetivo e que, portanto, não vale a pena tentar) como quando está fora de você (como a falta de dinheiro). A vida se torna muito mais fácil se você for grato — você se sentirá poderoso, mais vivo e entusiasmado, realmente perceberá as coisas de modo diferente. Enxergará a própria capacidade e, ao olhar novamente para os problemas que o estavam travando, perceberá que não são tão grandes, afinal de contas.

2.
A GRATIDÃO ABRE AS PORTAS DA CRIATIVIDADE

Ao se conectar com sua inspiração e adquirir a capacidade de ser resiliente — ou seja, de se adaptar a mudanças de modo positivo —, você sentirá a verdadeira força de sua gratidão. Ficará otimista e perceberá novas possibilidades; sentimentos inspiradores surgirão dentro de você e abrirão as portas de sua criatividade. Se acreditar que as respostas e os recursos aparecerão em sua vida, eles aparecerão: o universo trabalha para atender às suas convicções. E sempre provará que você tem razão.

Em última análise, somos nós mesmos que criamos todos os bloqueios mentais. Mas a criatividade nos permite abrir possibilidades que nem mesmo imaginávamos. O universo não tenta dificultar nossas vidas; simplesmente reflete o que criamos. Quando mudamos o que está dentro de nós, o que está do lado de fora se modifica, em consonância.

Com a mente focalizada nas coisas boas da vida — instrumentos, pessoas, informações, dinheiro, apoio emocional e recursos disponíveis —, você se sentirá capaz de aceitar o fato de que nada permanece fixo, e se lembrará de que sempre poderá escolher suas emoções. Portanto, se quiser modificar suas circunstâncias, terá capacidade para isso. Comece dentro de você mesmo: ponha a chave na ignição e deixe que o combustível da gratidão o leve em direção a algo melhor. Quase instantaneamente, você se sentirá fortalecido, empolgado, otimista e curioso sobre o que o espera. Como estará se movendo com entusiasmo, as oportunidades começarão a aparecer — avenidas que o levarão em direção aos objetivos sem que você tenha de labutar penosamente para que as coisas funcionem ou para descobrir o que fazer. Super-rodovias se abrirão à sua frente, dando-lhe oportunidade de sair das trilhas tortuosas e esburacadas. Você poderá então acelerar e colocar o veículo na velocidade de cruzeiro, sabendo que está no caminho desejado.

Muitas pessoas acham que não são criativas o bastante, mas não estou falando de nos tornarmos compositores ou pintores. Estou me referindo a estarmos em contato com nossa capacidade de encarar a vida com admiração, curiosidade e entusiasmo. A criatividade nos torna resilientes — aprendemos a ter certeza de que alguma mudança revolucionária ou uma nova e incrível oportunidade surgirá logo adiante.

A engenhosidade lhe dará coragem para correr riscos, pois você sabe que se alguma coisa não der certo haverá outras oportunidades: você será realmente capaz de mexer nos controles e tentar algo novo. Acionando sua criatividade, você lidará mais facilmente com mudanças inesperadas ou percalços no caminho. Você terá certeza de que existe um modo de superar os problemas da vida e de criar uma situação melhor. Ao se permitir entrar em contato com sua criatividade, descobrirá que pode acessá-la rapidamente. (Eu sei que não preciso me isolar em um bosque por três semanas para sintonizar o canal da criatividade; posso ter ótimas ideias enquanto levo meu filho Michel à escola, um trajeto de 15 minutos, ou enquanto estou embaixo do chuveiro.) Mesmo que você não tenha talento artístico, o desenho, a pintura, a dança ou a poesia são excelentes meios de se manter em contato com a originalidade. Ou, simplesmente, tente meditar. As pessoas que o fazem com regularidade, dizem que a meditação lhes permite serem mais criativas.

Lembre-se de que cada emoção positiva reforça as demais. Quando você sente admiração e empolgação, também se sente grato. Em vez de se aborrecer com as dificuldades e as mudanças, sentirá gratidão pelas oportunidades que elas oferecem.

ACEITANDO AS COISAS COMO SÃO

Em vez de pensar no que poderia ter sido ou no que poderá ser, concentre-se no que é bom em sua vida, e crie sentimentos de gratidão. Se fizer isso, encontrará paz. Recentemente, quando minha mãe esteve muito doente, passei um longo tempo ao lado dela, dando-lhe apoio emocional e me comunicando com seus médicos e atendentes, juntamente com os membros de minha família, de modo a garantir que as necessidades dela fossem atendidas. Havia momentos em que eu me sentia um pouco ansiosa por passar tanto tempo afastada do trabalho. (Não estou acostumada a ficar longe do computador e do telefone por muito tempo... Meu marido Denis, que gosta de mangar comigo, diz que minha ideia de férias é trabalhar *só* quatro horas por dia.) Mas naquele período tão especial, enquanto me revezava com minha família no hospital — tanto de dia quanto de noite —, comecei a aceitar o novo ritmo de minha vida.

Apesar de tudo, aquele estava sendo meu melhor ano em termos de negócios. Na verdade, eu estava tendo de recusar trabalho, o que me deixava um pouco preocupada. Mas por que não haveria outras chances? As preocupações apenas faziam com que eu me sentisse improdutiva. Portanto, passei a mudar de estação sempre que me sentia angustiada, sintonizando um sentimento de gratidão. Lembrava-me de que era grata por todas as oportunidades e clientes que tinha, e por poder passar aquele tempo com minha mãe.

Minha gratidão tornou mais fácil permanecer concentrada em meus clientes quando estava trabalhando; além disso, eu reservava algum tempo para agradecer pela oportunidade de continuar a servir aos outros, ajudando-os a realizar seus sonhos. A gratidão me dava forças para fazer o que tinha de fazer, apesar da falta de tempo. De alguma forma, as coisas aconteciam sem que eu tivesse de me esforçar muito para isso. Eu havia ligado o interruptor das emoções positivas e me sentia confiante em que, em qualquer circunstância, eu sempre faria a escolha certa. Estava no computador quando precisava trabalhar e ao lado de minha mãe quando precisava estar lá. Sentia muita tristeza, mas também uma profunda gratidão e um sentimento de privilégio. No fundo de meu coração, eu sabia que tudo estava exatamente como deveria estar.

DEIXE PARA LÁ O ESFORÇO EXAGERADO

É bom ter paixões e objetivos, ser produtivo e bem-sucedido; mas é preciso não deixar que o sucesso *defina* quem você é, e não se sentir mal consigo mesmo ao enfrentar um obstáculo, ou mesmo quando não consegue atingir aquilo a que se propôs. É possível aceitarmos as coisas como são, sem termos de labutar incessantemente em busca de aperfeiçoamentos. A gratidão nos permite acompanhar a maré, aceitando o fato de que a vida tem seus desafios e de que, às vezes, pode parecer que estamos marcando passo. Ela nos permite ficar abertos a novas ideias, tendo certeza de que aparecerão no momento certo.

A maioria de nós não aguenta permanecer muito tempo em estado de estagnação, esperando que as circunstâncias mudem. Por este motivo, podemos nos enredar facilmente em nossas expectativas a respeito de como a vida deveria ser. Lutamos então para resolver os problemas, julgando a nós mesmos em temos de nossas conquistas e do quanto realizamos em determinado período de tempo. Uma amiga minha me disse anos atrás: preciso de um salário que comece com o número três, quando estiver com trinta anos. Era uma meta interessante, mas, quando ela não a atingiu, sentiu-se muito deprimida. Embora estivesse em um emprego cheio de oportunidades, o fato de não ter alcançado aquele objetivo específico a cegou para tudo o que poderia estar apreciando na vida.

Repare que há uma diferença entre aceitação e passividade. Aceitação é a escolha de estar em paz com o que está acontecendo neste exato momento, enquanto você está gerando os sentimentos positivos que lhe permitirão realizar algo importante no futuro. É sempre acompanhada pela força de emoções positivas. A passividade, por outro lado, é caracterizada pela falta de emoções fortes. Em outras palavras, você está sendo passivo quando atravessa os dias como um robô, simplesmente executando um trabalho rotineiro, e nada mais — comendo refeições que não lhe dão prazer e ligando a televisão antes de dormir, para matar o tempo. Isso não significa que você tem de ir dançar todas as noites. Mas se não estiver sentindo emoções fortes e positivas, você será pouco criativo e não terá inspiração. Não conseguirá fazer nada diferente, seja tentar preparar um novo prato, entabular uma conversa interessante durante o jantar ou iniciar algo que sempre quis fazer, mas nunca encontrou tempo.

A passividade envolve distração, letargia e fuga. Se você está passivo, mergulhará na melancolia e na tristeza. Ou mesmo na depressão. A chave para evitar isso é criar um sentimento de gratidão pelos prazeres simples e pela abundância que existe em sua vida.

Para reforçar meus sentimentos de gratidão, há anos trabalho todos os dias com afirmativas e com uma coisa que chamo de Roteiro da Vida Plena: uma gravação de 20 minutos em que relacionei as coisas que mais valorizo na vida (quer eu as tenha ou não, no momento) e pelas quais sou grata. Não faço isso por medo de que algo ruim possa me acontecer caso não o faça, nem por achar que isso é indispensável para alcançar meus objetivos — trata-se simplesmente de um hábito. O processo de criar a vida que desejo visualizando como eu gostaria que ela fosse, concentrando-me nas emoções que sentirei quando atingir minhas metas e tendo fé em que o universo me trará o que eu necessitar são ações tão enriquecedoras e energizantes que as realizo mesmo nas horas mais inconvenientes.

Desenvolvi tais técnicas para expressar diariamente minha gratidão, o que me desperta sentimentos maravilhosos. Mas é claro que, como todo mundo, tenho dias de folga ou sofro interrupções inesperadas.

Encontraremos a autodisciplina e o ímpeto para alcançar nossos objetivos quando vivenciarmos o incrível poder e a felicidade que são gerados quando nos concentramos nas coisas que valorizamos.

GRATIDÃO QUANDO O TRABALHO É DIFÍCIL

Existe um mito que diz: se funciona, não vale a pena. Mesmo quando uma tarefa é desafiadora, nos sentimos realizados. Se você se entregar a emoções improdutivas ou negativas, como o aborrecimento ou o ressentimento, o trabalho vai parecer mais difícil e demorará mais.

Ocasionalmente, os autores com quem trabalho relutam em aceitar a quantidade de trabalho necessária para que seu livro seja um sucesso. Perguntam-me o que podem fazer para não ter de dar um monte de telefonemas ou realizar um monte de pesquisas. Ou dizem: isso está parecendo trabalho de vendedor − como se isso fosse uma coisa ruim. Minha resposta é: se você acredita no que está fazendo, o que acha que vai acontecer se realmente ficar empolgado quando estiver dando esses telefonemas? Que tal sentir-se grato pela oportunidade de ajudar outras pessoas dizendo a elas o que você pode lhes oferecer? Há anos percebi que o *telemarketing* pode parecer intimidador pelo nome que recebeu, cuja conotação é estritamente comercial. Quem é que gosta de telefonar para alguém que não conhece, sem dar nem receber calor humano? Prefiro pensar nisso como uma formação de relacionamento. Sempre que faço telemarketing, transmito calor, sentindo-me grata pela oportunidade de melhorar um pouquinho a vida das pessoas... Na maioria das vezes, elas são gentis e benevolentes comigo, mesmo quando não estão interessadas no que estou oferecendo. Caso se sinta pouco entusiasmado com o trabalho duro que terá de fazer, lembre-se de *por que* tem de fazê-lo. Se a boa vontade não surgir naturalmente, talvez você não acredite no que está fazendo, vendendo ou dizendo. Pense no que realmente deseja fazer, e faça-o. A gratidão que sentirá por ter a chance de fazer o que adora poderá deixá-lo surpreso.

Uma cliente minha promoveu seu livro com uma extensa campanha na internet, com *e-mails* que começavam assim: "Eu sou a mãe de uma criança deficiente". Sempre que lia essa abertura no *e*-mail que estava compondo, ela sentia uma ligação com a pessoa a quem estava enviando a mensagem — quer fosse um educador, um médico, um terapeuta ou o diretor de alguma creche. Ela se lembrava da compaixão que tinha por outras crianças deficientes, sentia-se grata a todos os que as ajudavam e apertava o botão de ENVIAR. Não fiquei surpresa quando soube que a gratidão dela gerou mais gratidão. Muita gente lhe respondeu agradecendo as informações sobre o livro, elogiando o trabalho que ela estava fazendo e lhe desejando boa sorte. Não é de surpreender que ela tivesse tido paciência para enviar *e-mails* durante muitas horas por dia. A cada vez que expedia uma mensagem ou recebia uma resposta, ela se conectava a um sentimento de gratidão ou de felicidade. Como ela me disse: sempre que envio um *e-mail*, penso que alguém vai comprar meu livro e aprender alguma coisa a respeito de como ajudar essas crianças. Assim, de fato, poderá tornar melhor a vida de alguma criança. Divulgar a mensagem é uma coisa que vicia! Eu me sinto muito grata por entrar em contato com essas pessoas e informá-las sobre o que descobri.

VALORIZANDO MAIS

Ao valorizar seu cônjuge e seus filhos, por exemplo, você sente-se mais grato ("valorizar" significa estimar, apreciar). Ao sentir-se mais grato, age de forma mais amorosa. Lembra-se de quando se apaixonou pela primeira vez? Provavelmente, parecia que estava caminhado no ar, de tão feliz.

Você sentia tanta alegria e compaixão que esses sentimentos se espalhavam por todas as áreas de sua vida. Quando estamos felizes, temos até uma aparência diferente! Todas as células de nosso corpo vibram em um nível mais elevado, o que nos torna mais saudáveis e enérgicos.

Todos os dias, eu valorizo Denis, minha alma gêmea. Digo a ele como o amo e estimo. Ao escrever em meu diário de gratidão, o que faço todas as noites, declaro como sou grata por tê-lo em minha vida. Denis costuma dizer: esposa feliz, casamento feliz, pois sabe que minha felicidade aumenta a felicidade dele. Nós nos apoiamos um ao outro, aumentando o patamar de alegria em nossa casa.

Algumas pessoas foram condicionadas a acreditar que demonstrar gratidão não é tão importante assim, sem perceber o poder que isso nos confere. Ou sentem vergonha de agradecer, achando que isso é "piegas", ou que as fará parecer fracas ou tolas. Mas nunca subestime o valor da gratidão e sua capacidade de nos encorajar. Crie uma sensação de confiança e ficará mais fácil demonstrar que está de fato agradecido. Você encontrará as palavras certas, pois elas virão do fundo de seu coração.

Valorize até mesmo as situações ou relações que você pode achar que são negativas, descobrindo o valor que há nelas. Se estiver se sentindo arrependido, pensando: eu realmente não deveria ter feito isto assim, tente: estou grato por perceber que há um modo melhor de lidar com isto, e vou reagir com amor. Alegre-se por ter uma oportunidade para crescer, aprender e tornar sua vida melhor. Nem sempre você pode controlar suas circunstâncias, mas sempre pode escolher suas atitudes. Caso sinta dificuldade em sentir-se grato, sinta-se curioso. Reflita sobre a lição valiosa que você pode aprender no momento, como resultado dos desafios que está enfrentando. Pergunte a si mesmo: como esta situação pode ser útil, ou me ensinar alguma coisa, ou me fazer rir, ou me fortalecer? Quanto mais grato você se sentir, mais positivo será. Sua vida vai lhe parecer perfeita tal como é.

Na verdade, durante longo tempo, acreditei que a perfeição era a meta suprema — que servindo aos outros incondicionalmente, alcançando meus objetivos e sentindo emoções maravilhosas e positivas, como a gratidão, eu poderia resolver todos os meus problemas e viver uma vida melhor. Afinal de contas, por que não visar o topo — uma vida totalmente livre de problemas e tristezas? Talvez, pensei eu, a chave do triunfo seja a própria perfeição.

CORTANDO OS "TÊS" E COLOCANDO OS PINGOS NOS "IS"

"Jamais negligencie as pequenas coisas. Nunca poupe aquele esforço extra, aqueles poucos minutos adicionais, aquela palavra gentil de elogio ou agradecimento, aquela doação do melhor que você pode oferecer. O que outros pensam a seu respeito não importa; mas o que você pensa a respeito de si mesmo é de suma importância. Você não poderá fazer o melhor possível — o que tem de ser sempre sua marca registrada —, se começar a economizar esforços e fugir às responsabilidades. Você é especial. Aja de acordo com isto. Jamais negligencie as pequenas coisas!"

Og Mandino

Quando pela primeira vez assisti a uma palestra motivacional, num encontro promovido pela empresa em que trabalhava, percebi que tinha capacidade para mudar minha vida e fiquei ansiosa para aprender mais sobre o aprimoramento pessoal. Ao longo dos anos, fui sendo inspirada pelas palestras de diversos professores, instrutores e escritores. Alguns deles tinham um estilo discreto e tranquilizador, enquanto outros faziam exposições enérgicas e atraentes. O domínio que demonstravam do assunto e a facilidade com que se dirigiam a plateias numerosas sempre me deixavam impressionada. Quando um membro da plateia perguntava alguma coisa, os oradores respondiam com facilidade e sem hesitação, pois estavam profundamente imbuídos do que faziam e com a mente aguçada. Eram também bons ouvintes e prestavam bastante atenção ao modo como as pessoas recebiam suas informações. Eu admirava enormemente a dedicação que demonstravam por seu trabalho.

Observando meus mentores e percebendo como eram positivos, concluí que também queria ajudar outras pessoas a atingirem suas metas.

Para fazer isso, pensei, tenho de me tornar um símbolo de sucesso.

Depois, claro, teria de convencer as pessoas do valor dos meus conselhos e provar minha integridade. Se não conseguisse dar o exemplo, minha mensagem não teria valor. Mas eu sabia que o fato de ser bem-sucedida não seria suficiente para provar minha credibilidade — minhas conquistas teriam de ser inquestionáveis. Quanto mais eu pensava na importância desses detalhes, mais me convencia de que, para alcançar a felicidade e a realização pessoal, teria de me tornar um modelo perfeito para outros indivíduos.

TUDO ESTÁ NOS DETALHES

As pessoas que não conseguem atingir suas metas muitas vezes não percebem como é importante prestar atenção aos detalhes. Dizem que Bette Davis, a estrela de cinema, certa vez parou de filmar uma cena num filme para mostrar ao diretor que um dos holofotes — um entre centenas — havia queimado, e precisava ser trocado antes de continuarem a filmagem. A Sra. Davis era tão consciente de cada aspecto de seu trabalho que notou este pequeno detalhe. Sua atenção às menores coisas que afetavam sua aparência nas telas assegurou sua longa carreira em Hollywood. Sua compreensão de como a luz afetava sua aparência lhe permitia parecer sempre perfeita, apesar dos sinais de envelhecimento (era uma época em que as atrizes tinham de possuir uma beleza imaculada para obter papéis principais).

Eu acredito firmemente que devemos nos concentrar nas áreas da vida que mais nos interessam. Por exemplo, não há nada mais tranquilizador que contratar alguém que parece estar sempre muito bem-vestido para nos assessorar na escolha de um guarda-roupa. Isso descreve perfeitamente minha amiga Diane Craig, uma consultora de imagem. Ou pense na paz de espírito proporcionada por um contador que descobre até as mínimas deduções a que você tem direito, e todos os números que não parecem estar corretos; ou por um professor que lhe diz que seu filho não consegue terminar seus trabalhos porque está tendo problemas com a caligrafia. Não são estes os profissionais que você gostaria que aparecessem em sua vida?

Estar ciente de todos os detalhes e saber dominá-los revela uma dedicação e uma integridade admiráveis. Eu queria ser assim e gostaria que meus clientes soubessem que sempre poderiam contar comigo. Eu me orgulharia de ser detalhista e, assim sendo, teria condições de lhes proporcionar serviços excelentes e valiosos.

A PRESSÃO DO PERFECCIONISMO

Embora eu confiasse em meu dinamismo, ambição e atenção aos detalhes, costumava me preocupar muito em executar tudo com perfeição, em qualquer circunstância. No fundo, tinha medo do que as pessoas pensariam se eu não fosse absolutamente impecável em todas as áreas de minha vida. A pressão que fazia sobre mim mesma era tremenda. Se cometesse o menor erro, ou se alguma coisa não saísse exatamente como esperava, eu ficava angustiada e me criticava com aspereza. Emoções negativas surgiam, e os velhos sentimentos de baixa autoestima afloravam.

Sabendo como me sentia mal quando não atingia meus padrões extremamente elevados, eu fazia o que era possível para não cometer o menor erro, nem desapontar ninguém. Por exemplo, embora eu achasse que meu primeiro livro estava bem escrito e continha informações valiosas, isto não era o bastante para mim. Eu queria que ele fosse impresso no melhor papel que houvesse e tivesse uma capa debruada a ouro. Contratei então uma empresa — recomendada por um amigo — que me prometeu utilizar os serviços da melhor editora, da melhor gráfica e do melhor diagramador para trabalhar no projeto. Se não estivesse tão receosa de cometer um erro, eu mesma teria contratado esses profissionais e economizado um bocado de dinheiro. Em vez disso, achei que precisava confiar em outras pessoas, que pareciam saber mais do que eu.

Quando, finalmente, recebi o livro em mãos finalizado, fiquei chocada ao descobrir cinco erros ortográficos, depois de todo o esforço que eu investira nele! Temporariamente, perdi de vista o que o livro tinha de valor — as outras 53.995 palavras que estavam impressas corretamente — e me senti horrível. Cheguei a pensar que as pessoas iriam me julgar de forma negativa apenas porque meu livro continha uns erros mínimos de ortografia.

Acabei entendendo que teria de mudar minhas emoções se quisesse promover o livro com entusiasmo. Enquanto me acalmava, fui percebendo que a situação não era um desastre total, como eu pensara no início. Hoje, olhando em retrospectiva, posso ver que minhas exigências excessivas deviam-se às minhas inseguranças e ao meu perfeccionismo implacável. Se por acaso este livro que você está lendo tiver um ou dois erros tipográficos, sei que não vou decepcionar ninguém e que não há motivo para eu ficar me sentindo mal comigo mesma.

Devemos fazer sempre o melhor possível, quando se trata das coisas que nos interessam. Mas se o resultado de nossos esforços não for perfeito, devemos aceitar o fato sem ficar irritados, tristes ou frustrados. Aprendi que, levada a extremos, a busca da perfeição nos leva à angústia, à perda das prioridades e à extrema exaustão — devido às pressões acarretadas pela obrigação de atingirmos patamares de excelência pouco realistas.

O perfeccionismo — uma incapacidade para aceitar qualquer tipo de erro — frequentemente decorre da ansiedade. Acreditando que tem de pensar em todos os detalhes, você poderá deixar de lado a floresta e se concentrar nas árvores, perdendo de vista o que é mais importante. A verdade é que não podemos ser perfeitos o tempo todo; temos de escolher as coisas que podemos ignorar, porque nos sentiremos esmagados se não fizermos isso.

O que me leva a pensar no aspecto do jardim da minha casa. Muitos dos meus vizinhos têm jardins meticulosamente cuidados, com criativos arranjos de folhagens e flores. O meu jardim, por sua vez, tem a mesma aparência que tinha quando comprei a casa. Eu simplesmente não me importo com ele o suficiente para fazer mais que a mínima manutenção. Portanto, não tento torná-lo mais chique. Se os borrifadores de água não estão funcionando bem, ou se volto de férias e algumas das plantas parecem murchas, minha atitude é: ah bom, vamos tentar resolver isso.

Também não me interesso em aprender todas as funções do meu telefone celular ou do meu computador, nem em dominar todas as tecnologias de que disponho. Se tiver alguns minutos sobrando, não vou ficar olhando o menu do telefone, procurando entender aplicações que desconheço; vou passar o tempo fazendo alguma coisa que adoro. Já percebi que, se tentar ser perfeita em todas as áreas, não vou conseguir e acabarei exausta.

Livrando-me dos sentimentos de ansiedade e de insegurança, posso me conectar com sensações positivas, sentindo-me energizada e entusiasmada. Essas poderosas emoções me permitem produzir mais e cuidar dos detalhes das coisas que realmente me interessam.

80

QUANDO OUTRAS PESSOAS ESPERAM QUE VOCÊ SEJA PERFEITO

Às vezes, mesmo quando você faz o melhor possível, demonstrando uma saudável preocupação com os detalhes, outras pessoas podem cobrar-lhe perfeição, devido aos próprios temores e inseguranças. Há não muito tempo, eu estava lendo um blogue escrito por uma amiga, que traz algumas ideias interessantes sobre alimentação saudável. Em busca de boas sugestões, já que gosto de cozinhar, percorri os comentários dos leitores. Verifiquei então que muitas pessoas estavam horrorizadas com o fato de que o blogue — vinculado a um grande jornal — utilizava a palavra *vegetais* em vez de *hortaliças*. Embora o uso do termo mais específico talvez fosse recomendável, parei de ler as mensagens ao perceber que muitas delas censuravam a autora do blogue, raivosamente, porque ela usara a palavra "errada" e "arruinara" o blogue. Este tipo de perfeccionismo nos torna cegos para a substância das coisas, gerando irritação, preocupações e bloqueios. Fiquei feliz ao ver que a autora do blogue, embora pedisse desculpas, ficara tão perplexa com o berreiro quanto eu, mas parecia encarar as coisas com bom humor. Algumas pessoas teriam se sentido tão agredidas em tal situação que desistiriam e parariam de escrever. Mas foi bom saber que aquela mulher fora capaz de enfrentar as críticas com tanta elegância.

Algumas pessoas abandonam sonhos e projetos por temerem as críticas, se cometerem algum erro. Em meus tempos de perfeccionista, além de ser exigente comigo mesma, eu vivia tentando agradar às pessoas. Ficava profundamente magoada com alguma crítica — um retorno negativo como o que obteve a autora do blogue teria me deixado arrasada.

Se seus pais ignoravam as notas altas em seus boletins, e só queriam falar da única nota baixa, ou se não deixavam você sair de casa caso um fio de seus cabelos estivesse fora do lugar, você talvez tenha interiorizado os padrões de perfeição deles, por acreditar que eles não o consideravam bom o bastante. Talvez eles não tenham percebido que estavam lhe enviando essa mensagem ao serem tão exigentes. Mas isso pode ter contribuído para que você desenvolvesse uma autoestima baixa, tornando-se tão exigente consigo mesmo quanto eles — ou abandonando a ideia de atingir suas metas, por não acreditar na possibilidade de ser bem-sucedido.

A verdade é que somos perfeitos como somos, mesmo que às vezes sejamos irritantes ou passíveis de cometer erros. Depois de passar bastante tempo na companhia de conferencistas motivacionais e das pessoas que trabalhavam com eles, descobri que meus heróis — aqueles que eu considerava símbolos de sucesso — também tinham seus dias ruins. Ouvi histórias sobre palestrantes conhecidos por perderem a calma à toa, e de autores que escreviam eloquentemente acerca da importância da compaixão e da harmonia, mas agiam de forma competitiva entre seus pares. Uma dessas pessoas, em particular, sentia-se tão insegura e ansiosa a respeito de sua aparência que, às vezes, ficava mais preocupada com seu aspecto do que com o modo como tratava as pessoas. Tive de reconhecer que, assim como eu, muitas daquelas pessoas tinham suas falhas e nem sempre conseguiam viver em conformidade com seus ideais.

No início, fiquei muito desapontada ao descobrir que meus heróis não eram perfeitos. Mas me senti um tanto aliviada ao compreender que eles eram apenas humanos, afinal de contas; e mantive meu respeito e admiração por eles. Percebi então que não precisaria me estressar tanto para nunca cometer erros ou jamais ter um dia ruim. Percebi também que eles realmente acreditavam no que diziam, e tentavam viver de acordo com suas palavras. O que os tornava profissionais era que, mesmo quando estavam um pouco deprimidos, ou preocupados com a opinião alheia, eles faziam o melhor que podiam para inspirar as pessoas. Não que fossem hipócritas; estavam apenas se esforçando, como todos os outros, para atingir seus elevados padrões e se esforçando mais ainda quando não alcançavam as metas que haviam estabelecido para si mesmos.

BUSCANDO UMA SOLUÇÃO MAIS SAUDÁVEL

Existe um perigo em acreditar que nós podemos ter o total domínio não só de nossos resultados como também de nossos sentimentos e pensamentos. Se começarmos a pensar que teremos fracassado se deixarmos aflorar nossas emoções negativas, nem que seja por alguns momentos, poderemos nos tornar controladores obcecados. Há alguma razão para sentirmos raiva, tristeza, ciúme ou dúvidas — existe um propósito em todas as dificuldades. Como Neale Donald Walsch escreveu em seu livro *Amizade com Deus*: "os seres perfeitos de Deus podem fazer coisas imperfeitas — ou o que *chamaríamos* de coisas imperfeitas —, mas tudo o que ocorre na vida ocorre por uma razão perfeita. Não há nenhum erro no mundo de Deus, e nada acontece por acaso".

Para mim, a perfeição significa que você é grato, satisfeito e conectado à sua energia positiva, vital. Significa que você é capaz de *participar* de cada momento. Por exemplo, você pode estar lamentando uma perda terrível e perceber que a perfeição está na beleza do amor que você sente pela pessoa que faleceu. Se ouviu sobre uma tragédia no noticiário, e sente compaixão pela pessoa atingida, bem, o que poderia ser mais perfeito do que o modo como funciona seu coração? Nossas emoções às vezes se elevam tão súbita e inesperadamente que nos despertam um profundo sentimento de humildade.

Abandonando o perfeccionismo, você será capaz de encarar suas falhas e enxergar os aspectos positivos que poderá extrair delas. Quando publiquei meu primeiro livro, por exemplo, gastei mais dinheiro do que precisava para atingir meu objetivo. Hoje, creio que poderia ter feito uma opção melhor. Mas criei uma oportunidade para aprender duas lições valiosas: acreditar em mim mesma (e em minha capacidade para encontrar profissionais de primeira linha) e colher mais de uma opinião antes de tomar uma decisão. Além disso, aprendi a me concentrar em minhas prioridades, sem achar que todos os detalhes teriam de estar perfeitos. Acabei me sentindo orgulhosa de meu livro, grata pela ajuda que recebi e motivada para promovê-lo, enxergando seu valor, apesar dos cinco erros tipográficos.

Minhas prioridades, hoje em dia, estão muito claras para mim. Uma delas é o desejo de permanecer mais tempo com meu marido e meu filho, e não viajar demais. Recentemente, alguém me ofereceu uma excelente oportunidade profissional, que exigiria que eu passasse muito tempo fora de casa. Recusei-a. Não senti necessidade de ganhar mais dinheiro e mostrar a todo mundo como eu era bem-sucedida. Percebi que, permanecendo fiel aos meus valores mais profundos, teria tudo o que precisava: dinheiro, oportunidades e alegria.

Há ocasiões em que alguém me pede para fazer alguma coisa na última hora e eu digo que não, sem me sentir culpada. Não é que eu não queira oferecer ajuda; apenas aprendi a me tratar bem e parei de viver tentando agradar aos outros.

Ainda me interesso por detalhes, pois acredito que eles são

importantes. Por exemplo, uma escritora com quem costumo trabalhar me disse que contratara alguém para montar um *website*, que tinha por objetivo promover uma campanha mercadológica que ela estava iniciando. Decidi verificar o trabalho, para me assegurar de que as coisas estavam funcionando adequadamente. Isso não fazia parte de nosso acordo, mas eu sabia que era importante para ela que tudo estivesse cem por cento. Depois de checar o *site*, informei-a sobre um pequeno problema que havia encontrado.

Quando você trabalha por conta própria, faz o que gosta e tende ao perfeccionismo, pode achar difícil estabelecer limites para os clientes, pois está ansioso para ajudá-los.

A história de um consultor que conheço ilustra meu ponto de vista. Ele queria tanto agradar aos clientes que não tinha tempo para concluir os trabalhos que fazia para eles. Quando lhe pediam alguma coisa, ele imediatamente prometia atendê-los, dizendo que entraria em contato com eles no final do dia. Sentia-se então estressado e irritado com a pressão que exercia sobre si mesmo e ficava irritado até com os clientes! Finalmente lhe ocorreu que, mesmo que pudesse terminar o trabalho na mesma tarde, não era obrigado a prometer que faria isso. Poderia conseguir alguns dias extras quando sabia que o cliente não se incomodaria em esperar um pouco mais.

Dizendo: claro, posso fazer isso e lhe entrego o trabalho no final da semana, ele se livrou do estressante perfeccionismo e pôde cuidar de todos os detalhes com calma, entusiasmo e confiança, sabendo que cumpriria os prazos. Descobriu até que, ao aliviar o estresse, sentia-se mais enérgico e executava seus trabalhos com mais rapidez. Parou então de ficar irritado consigo mesmo e ressentido com os clientes (percebeu, enfim, que era ele mesmo quem estava criando a pressão que o atormentava!).

A VIDA NEM SEMPRE EXIGE PERFEIÇÃO

A vida é um trabalho em andamento. Se você acha que tudo tem de estar em perfeita ordem para se sentir satisfeito e feliz, deixa de enxergar a perfeição que já existe e as oportunidades que tem para gerar alegria e gratidão neste exato momento. Quando comparece a um jantar de amigos, você não precisa usar sua roupa mais esplêndida, ou levar uma garrafa do melhor vinho que existe. Se tentar fazer isso, vai ficar tão enredado nos detalhes que chegará tarde e atrasará o jantar! Esta é uma metáfora para a vida: livre-se de todos os sentimentos de inadequação ou inutilidade, defina bem suas prioridades, faça o melhor que puder, e não fique obcecado com os resultados.

Nem todos compartilharão de suas paixões ou se sentirão tão entusiasmados com seus objetivos quanto você. Ao trabalhar com outras pessoas, admita que elas podem ter prioridades diferentes. Aprendi esta lição anos atrás, quando diversas empresas me contratavam para falar aos seus funcionários. Eu ia até o local, apresentava minhas credenciais aos diretores e, toda empolgada, preparava-me para ensinar aos funcionários como trabalhar melhor em equipe, ou como estabelecer metas individuais que se alinhassem com os objetivos da firma. Os homens e as mulheres, finalmente, entravam no auditório e ocupavam seus assentos. Eu olhava em volta e percebia que alguns deles tinham aquela postura que dizia: quem é você e por que eu tenho de ouvir o que você vai dizer? Enquanto alguns estavam ansiosos para aprender, outros não tinham interesse em se aperfeiçoar. Trabalhar com pessoas pouco motivadas e infelizes pode ser muito desgastante. É difícil manter um alto nível de motivação quando há indivíduos na sala expressando tanta negatividade.

Se você realmente deseja contribuir com o mundo, não vai ser difícil lidar com as pessoas que resistem aos seus esforços para ajudá-las. Você fará o que for possível, mas deverá saber a hora de parar e ajudar quem está disposto a receber o que você tem a oferecer.

Caso esteja concentrado exclusivamente na perfeição, descobrirá que nada é bom o bastante e se sentirá exausto. Por mais que se esforce, uma ênfase excessiva nos menores detalhes de seus problemas o impedirá de resolvê-los. Mas prestar atenção ao que é de fato importante gera satisfação e alegria, mesmo quando você ainda está caminhando em direção aos seus objetivos. O equilíbrio entre estar satisfeito com determinada situação, tal como está, e entusiasmado com a perspectiva de aprimorá-la é maravilhosamente tonificante.

Cuidar dos detalhes conscientemente nos permite aprender que os erros são experiências didáticas, e nos proporciona coragem para reconhecer que não gostamos dos resultados obtidos. Decidir que algo não está funcionando para você pode deixá-lo triste ou frustrado; mas você logo deixará de lado essas emoções e se concentrará em criar sentimentos positivos. Ao fazer isso, poderá seguir em frente, em vez de permanecer atolado em desgosto.

Quando acham que desapontaram alguém, as pessoas às vezes ficam tão intimidadas que conservam sentimentos de culpa e vergonha por muito tempo, embora a pessoa a quem acham que decepcionaram já tenha se esquecido de tudo. Eu tive uma cliente que era quase obcecada por resolver um problema de seu passado. Mas quando finalmente se viu diante do homem a quem tinha prejudicado, ficou perplexa. Ele já não se lembrava de nada; somente ela ainda se agarrava ao incidente, julgando--se de forma negativa por causa de um erro que acreditava ter cometido.

CRÍTICAS SEVERAS E ADMISSÃO DE ERROS

Por cometermos erros na vida, e nos abrirmos para correções, seremos algumas vezes criticados. Algumas pessoas não sabem fazer uma crítica de modo gentil e construtivo. E, se somos sensíveis (como eu sou), nos aterrorizamos.

Prefiro não receber críticas quando não as solicito, mas peço conselhos de vez em quando. Sei que se pensar em como posso melhorar minha carreira ou minha vida pessoal, encontrarei diversas respostas. Sabendo que existe sempre a possibilidade de fazer as coisas de um jeito melhor, reservo bastante tempo para me autoexaminar.

Sou uma crítica muito severa de mim mesma, mas aprendi que este pode ser um processo construtivo. Quando começo a me sentir mal comigo mesma — a respeito de como lidei com determinado cliente, por exemplo, ou de como proferi uma palestra —, eu paro, respiro fundo e mudo para uma disposição mental mais positiva. Independentemente das emoções que eu decida criar, minha autoconfiança aumenta e me permite ser honesta com meus erros, percebendo como posso evitá-los na próxima vez. Antes, quando eu era perfeccionista, sentia-me frustrada ante a menor falha, o que não me ajudava em nada. Resultados animadores decorrem sempre de sentimentos positivos, não de sentimentos negativos.

Podemos ser críticos extremamente rigorosos de nós mesmos e fazer comparações desfavoráveis com outras pessoas — reparando em como o vizinho lida maravilhosamente com os filhos, por exemplo, ou como o colega cumpre os prazos de modo brilhante —, sem reconhecer que eles também têm seus problemas. Às vezes achamos que as realizações dos outros são admiráveis e não enxergamos as dificuldades deles, mas o fato é que ninguém sabe o que é estar na pele da outra pessoa.

Eu tenho uma amiga que luta para melhorar seus hábitos alimentares e sente-se horrível quando não consegue atingir seus elevados padrões. Mas este problema não se evidencia ao olharmos para ela, pois ela não é gorda, tem uma pele linda e parece gozar de excelente saúde. Essa minha amiga jamais criticaria o modo como outra pessoa se alimenta, mas está convencida de que seus próprios hábitos são os piores que existem. A imagem dela está completamente fora de sintonia com o que os outros veem. Se ela abandonasse o perfeccionismo, poderia desenvolver uma imagem menos distorcida de si mesma, descobrindo e assumindo sua beleza.

Quando por fim dei adeus ao meu perfeccionismo, fruto da minha ansiedade, vivenciei uma sensação de contentamento e alegria que antes não tinha. Eu sempre acreditara que, se trabalhasse duro, fazendo o possível para alcançar os pináculos do sucesso, atingiria minhas metas e seria feliz. Ocorreu-me então que talvez fosse o contrário. Percebi que, deixando de lado o perfeccionismo e a ansiedade, eu me sentia bem com o que estava fazendo e aumentava meus sentimentos de alegria, que, por sua vez, pareciam andar atrelados ao surgimento de mais oportunidades e ao sucesso. Talvez, pensei eu, a felicidade não esteja no ponto de destino, mas no próprio caminho — na jornada que conduz a tudo de bom que existe na vida. Talvez a chave do triunfo seja, simplesmente, ser feliz.

FELIZ PARA SEMPRE

"Não há um caminho para a felicidade. A felicidade é o caminho."

Dr. Wayne W. Dyer

Durante muitos anos tentei achar uma solução para alcançar meu sucesso e realização, e trazer fim a minha inquietude. Frequentei seminários e grupos de trabalho, ouvi um sem-número de fitas motivacionais, meditei, caminhei sobre brasas meia dúzia de vezes e comprei praticamente todos os livros de autoajuda que consegui encontrar. Achei que Bob Proctor, Anthony Robbins, Denis Waitley, Og Mandino, ou algum outro conferencista motivacional, poderiam ter a resposta. Mas, embora tivesse aprendido e me aperfeiçoado muito com os *insights* que eles me proporcionaram, eu ainda sentia que faltava alguma coisa.

Então ouvi Wayne Dyer dizer: não há um caminho para a felicidade. A felicidade é o caminho. Imediatamente pensei: se a felicidade não está no ponto de destino, mas na própria jornada, esta deve ser a resposta para todos os meus problemas, certo? Decidi, portanto, aprender tudo o que pudesse a respeito do assunto.

A FELICIDADE É SIMPLES

Quando penso na felicidade, não posso deixar de pensar nas crianças, que expressam a felicidade tão facilmente e sem hesitação. Lembro-me da época em que meu filho e seus amigos tinham cerca de cinco anos de idade. Eles adoravam quando eu os levava comigo para lavar o carro no posto. Permanecer no interior do veículo, observando as escovas ensaboadas varrerem a carroceria, era uma enorme diversão para eles — que faziam uma enorme algazarra e gritavam de puro deleite.

Infelizmente, nós, os adultos, esquecemos como é fácil criar felicidade. Frequentemente impomos limitações ao nosso bom humor, em vez de apenas aproveitar os simples prazeres da vida; ou descobrimos todo o tipo de motivos para não nos sentirmos despreocupados. É ótimo nos concentrarmos em um conjunto de metas, mas estabelecer uma lista de condições para nos sentirmos bem complica a vida e torna difícil a simples experiência do contentamento.

Em vez de nos sentirmos felizes e exuberantes, começamos a nos preocupar e a sentir inquietação, enquanto pensamos: tudo bem, acho que poderia me sentir feliz com as coisas boas que existem na minha vida neste momento, mas tenho muitos problemas para resolver. Acreditamos que a felicidade não pode ser vivenciada até nos vermos livres de todos os problemas; mas acontece que a ausência de dificuldades em nossa vida não nos traz satisfação de forma automática. Podemos gerar prazer quando quisermos. O prazer não é um ponto final a ser alcançado depois que limparmos o caminho de todos os obstáculos — as barreiras estão em nossa cabeça.

Para sermos felizes, temos de aprender a condicionar nossa mente, impedindo-a de criar pensamentos que nos fazem sentir emoções negativas. Mas extrair prazer de tudo o que fazemos requer alguma prática.

Existe um novo ramo da psicologia, chamado psicologia positiva, que se concentra em ajudar os indivíduos a criar felicidade e emoções positivas. Muitas pessoas já interiorizaram a falsa crença de que a vida exige sofrimento, e só conseguem pensar no que está errado, por melhor que esteja sua vida. Não enxergam as vantagens de permanecer felizes enquanto reconhecem os problemas e trabalham para resolvê-los. Suas experiências poderiam ser completamente diferentes se elas se dedicassem a gerar mais coisas, sentimentos e emoções positivas.

Somos especialmente propensos a nos concentrar em preocupações adquiridas em relacionamentos de longa duração, pois, com o tempo, é natural que notemos as falhas de nossos parceiros (ou peculiaridades, como prefiro chamá-las). No entanto, para gerar felicidade, devemos olhar para os nossos parceiros e perguntar: o que posso valorizar nesta pessoa e me sentir grato? Se decidirmos enxergar somente as pequenas coisas que nos irritam, nosso prazer de estar com eles desaparecerá.

Todos nós, é claro, temos prioridades e pontos de ruptura em nossos relacionamentos. Mas às vezes, quando a vida está indo bem, começamos a mirar nas idiossincrasias que nos incomodam e a usá-las como desculpas para criar instabilidade. Sempre que leio *Dear Abby*,[1] divirto-me com os tipos de problemas que as pessoas relatam à coluna — como irritação porque o parceiro deixa roupa suja no chão ou manchas de café na toalha da mesa. Sabiamente, Abby costuma lembrar que, embora devam existir soluções para esses pequenos problemas, os missivistas não deveriam distorcer suas percepções de modo a só enxergarem coisas negativas. Todos têm pequenas implicâncias, mas quando estas começam a baixar o nível geral de felicidade é hora de deixar as ninharias de lado.

EM LOUVOR DA FELICIDADE

A felicidade é o ingrediente principal de qualquer receita, e não há substituto para ela. É como se você fizesse uma fornada de biscoitos e se esquecesse de colocar açúcar: o gosto simplesmente não vai ser bom.

Na era vitoriana, muitas pessoas acreditavam que o propósito da vida era ser uma boa pessoa. Rejeitavam a ideia de que a felicidade fosse importante, considerando a busca dela como uma atitude egoísta. Eu acredito em algo muito diferente: o caminho para sermos honrados é nos sentirmos felizes.

Quando você está cheio de alegria, deseja que outros também partilhem desta experiência. Ao sentir-se bem, você se inspira para fazer o

---

1. Tradicional coluna de aconselhamento publicada em diversos jornais americanos. (Nota do Tradutor).

bem. Sua benevolência flui de você e beneficia os demais indivíduos, deixando-o também receptivo às emoções positivas transmitidas por eles. A felicidade o conecta às outras pessoas, que se sentem estimuladas com sua alegria — é uma coisa contagiante. Você pode estar se sentindo horrível e, de repente, alguém conta uma piada engraçada; logo você percebe que está rindo, ficando animado e se sentindo melhor.

O otimismo aumenta sua sensação de bem-estar. Cuidar de si mesmo, portanto, não é uma atitude egoísta. Se você tentar ser bom sem sentir-se bem, estará doando aos outros com um espírito negativo, o que só irá gerar mais melancolia. Você poderá ser capaz de ajudar as pessoas, mas provavelmente o fará com relutância — achando que não tem o bastante para oferecer e que, ao doar, estará sendo prejudicado. Você também pode se ressentir com o fato de que os outros não estão retribuindo, nem preenchendo o vazio de infelicidade que existe dentro de você (como se eles pudessem!). Mergulhe em emoções positivas e poderosas antes de tentar fazer o bem, e você será como uma taça transbordando de energia inesgotável, doando generosamente e sem medo.

A felicidade está conectada a todas as emoções positivas. Quando você está feliz, torna-se mais confiante, curioso, calmo e afetuoso. No início, você pode resistir à felicidade, pois sente-se embaraçado e não reconhece o valor da alegria — como se estar feliz fosse um sinal de ingenuidade ou insensatez. Ou pode sentir-se culpado por estar tão feliz, enquanto outras pessoas não se sentem da mesma forma. Mas a realidade é que ninguém se beneficiará com seu mau humor; se você deseja ajudar as pessoas que estão sofrendo, não se junte a elas na tristeza. Seja solidário, mas procure gerar uma sensação de felicidade, ajudando-as a descobrir a própria capacidade para serem felizes. É possível fazer isso expressando amor, em vez de pedir a elas que não se sintam mal. Sempre que as pessoas estão perturbadas e alguém se oferece para ajudá-las, com verdadeira compaixão, elas recuperam a felicidade mais facilmente.

Ao perceber que minha natureza alegre beneficiava tanto aos outros quanto a mim mesma, decidi, conscientemente, criar alegria todos os dias. Quando sentia angústia, lembrava-me de que a alegria é uma emoção melhor, muito mais poderosa, e sintonizava o canal da alegria — emoção que procurava valorizar e expandir, ao mesmo tempo em que a saboreava.

Saborear a felicidade é parte vital do processo. Mas sei que isso pode ser difícil. A vida parece passar tão rapidamente que começamos a pensar que temos de pular logo para a próxima etapa, sob pena de ficarmos para trás.

Lembro-me de uma conhecida minha, que trabalhava em uma editora. Quando alguém lhe trazia a primeira cópia de um livro no qual trabalhara durante meses, ela a admirava por alguns segundos e logo retornava ao trabalho. Não é de admirar que tenha sofrido uma estafa no emprego!

Se você só se permite ficar alegre por alguns momentos, antes de voltar a atenção para a próxima tarefa, terá muita dificuldade para manter o moral elevado. Celebre o que é bom na vida e concentre-se em seus prazeres, não em seus problemas.

A gratidão e a felicidade estão interligadas, pois quando você se sente grato pelo que tem, não pode deixar de se sentir feliz. Você também pode gerar felicidade simplesmente permitindo que imagens alegres penetrem em sua mente, ou pode modificar seu estado mental olhando ao redor e reparando no que é positivo, bonito e maravilhoso em sua vida. Reserve um momento, agora mesmo, para observar suas cercanias e descobrir alguma coisa bela ou graciosa. Apenas permaneça sentado, observando o que o rodeia, e permita que a felicidade tome conta de você.

FELICIDADE CONDICIONAL

Se você tem noções rígidas a respeito do que pode torná-lo feliz, é provavelmente porque está ansioso e apreensivo; precisa controlar as circunstâncias, as pessoas que o cercam e o próprio futuro. O melhor modo de lidar com essas emoções ocultas é substituí-las pela alegria — sem definir estritamente o que você precisa para ser feliz.

Todos nós gostamos de certas coisas e não gostamos de outras, temos esperanças e sonhos diferentes. Alguns gostam de viver em áreas rurais, com muito espaço e solidão; outros adoram cidades barulhentas e agitadas. Há os que apreciam um espaço organizado, enquanto outros preferem um pouco de confusão. Nós não podemos saber quais são nossas prioridades ou preferências até vivenciarmos alguma coisa nova, e quando isso acontece, podemos pensar: não posso lidar com isso. É muito difícil ser feliz nesse tipo de situação. Esta é uma atitude correta. Temos de ser gentis com nós mesmos e valorizar nossa própria honestidade.

Sendo gentis com nós mesmos, podemos até perceber que adotamos a ideia de que não seremos felizes a menos que certas condições sejam atendidas — uma noção, na verdade, fortemente influenciada por outros.

Todos os dias, somos bombardeados com anúncios que nos dizem que nossa vida não será completa se não possuirmos isto ou aquilo. A mídia está repleta de histórias de pessoas que parecem estar felizes porque são celebridades endinheiradas, deixando implícito que fama e fortuna são as chaves para uma alegria duradoura. Nossos pais, família, professores e comunidade têm suas próprias ideias sobre o que proporciona a felicidade. Mas podemos acabar descobrindo que suas fórmulas não funcionam para nós. Ao obtermos finalmente o que acreditávamos que iria nos fazer felizes, percebemos que ainda estamos tão deprimidos quanto antes. Quando permanecemos fiéis aos nossos valores e desejos mais profundos, no entanto, evitamos o que não nos interessa e nos concentramos no que nos interessa, promovendo nossa própria felicidade.

A FELICIDADE VEM DE DENTRO

Regularmente, atualizo minhas afirmações e expresso gratidão por minhas circunstâncias, mesmo quando estas ainda não se manifestaram em minha vida. Por exemplo, declaro como estou feliz por ter falado para uma grande plateia, que foi receptiva, calorosa, participante e inspirada por minhas palavras — e faço isto antes de fazer a palestra. Há pouco tempo, uma das minhas afirmações foi: estou muito feliz porque minha irmã encontrou o anel que herdou de mamãe, que estava fora do lugar. Visualizei minha irmã segurando o anel, com um grande sorriso no rosto, ansiosa para me telefonar e me informar que, depois de muito procurar, havia encontrado o objeto. Eu me sentia empolgada, grata e alegre todas as vezes que imaginava isso. Não fiquei muito surpresa quando recebi um telefonema dela poucos dias mais tarde, comunicando-me que o anel tinha aparecido!

Quando você cria dentro de si mesmo as condições para ser feliz, coloca-se em um estado emocional positivo; e o universo responde suprindo as condições externas de que você necessita. Nem sempre as coisas parecem funcionar assim, mas isso é porque você provavelmente não se dá conta de seus conflitos interiores. Se em seu subconsciente você está triste, o universo lhe enviará situações que refletem tristeza. O que lhe dará oportunidade para trazer à superfície as mágoas subjacentes e processá-las, gerando felicidade no nível mais profundo — e para trabalhar juntamente com o universo para criar as condições que mais o favoreçam.

Todos nós temos coisas que precisam ser curadas, e se nos esforçarmos para descobrir nossas convicções e emoções desencorajadoras, poderemos dar início ao processo de cura. É até bom fazer isto num momento em que nossa vida pareça estar indo muito bem. Embora procurar problemas não seja uma atitude inteligente, devemos prestar atenção naquela pequena voz interior que diz: não estou tão feliz quanto poderia ser, ou: esta situação não é boa para mim. Essa voz pode ser muito baixa, mas se não a escutarmos, o universo vai acabar atraindo nossa atenção para ela, criando uma situação que torne quase impossível ignorá-la.

A seguinte história é um bom exemplo de como uma amiga minha acabou decidindo ouvir a voz baixinha que martelava em sua cabeça. Como me revelou certo dia, ela havia se casado por se sentir apreensiva. Era jovem e insegura; achava que jamais encontraria alguém que a aceitasse e amasse como ela era. Acabou se conformando com um homem que gostava muito dela, mas vivia tentando mudá-la. Durante muito tempo, ela ignorou sua íntima percepção de que aquele homem não era o parceiro adequado, mas permitiu que o medo de ficar sozinha a impedisse de encarar a verdade. Só quando seu marido teve um caso com outra mulher, minha amiga permitiu que seus verdadeiros sentimentos e pensamento aflorassem.

A boa notícia é que, como já não podia ignorar o que sabia — nem a infelicidade que a situação lhe causava —, ela começou a trabalhar para se curar por dentro. Por fim, encontrou um homem que realmente a amava como ela era, e se casou com ele. Estão muito felizes juntos. Ela agora pode dizer que se sente feliz com a infidelidade do primeiro marido, que lhe permitiu enfrentar a dor e criar alegria.

VOCÊ PODE ESTAR FELIZ MESMO QUANDO OS OUTROS NÃO ESTÃO

É difícil permanecer em alto astral quando as pessoas ao seu redor estão infelizes. A disposição negativa delas pode afetar a sua, a menos que você trabalhe duro para, conscientemente, manter emoções positivas. Se adquirir o hábito de estar alegre, terá menos probabilidade de mergulhar na tristeza quando alguém próximo a você estiver se sentindo infeliz, e pode até achar possível enxergar a situação com bom humor.

Uma amiga minha dirige uma empresa da família, juntamente com a irmã — que se sente frustrada todas as vezes que não consegue entender alguma função do computador. A cada vez que alguma coisa não funciona do jeito que ela quer, começa a praguejar, gritando que aquele aparelho é horrível. Como ambas trabalham juntas em uma sala pequena, minha amiga se sente afetada pelas explosões de energia negativa da irmã. Embora costumem brincar a respeito disso, elas fizeram um acordo: ou minha amiga pede para a irmã parar de trabalhar no computador, ou sai da sala, pois é sensível demais às emoções negativas da irmã. Como ela me disse: com interrupções eu posso lidar, mas parece que esses acessos de fúria mudam a temperatura da sala. Eu tenho de sair por algum tempo, até que minha irmã descubra a solução e volte a ficar de bom humor.

Algumas pessoas são menos sensíveis quando se trata de ignorar energias emocionais perniciosas; outras são muito sensíveis a elas, por natureza. Como eu. Hoje em dia, no entanto, tenho uma reserva de felicidade tão grande que é preciso muita coisa para me afetar. Quando estou próximo a alguém deprimido ou irritado, percebo estes sentimentos, mas não os personalizo. Reconheço que aquela pessoa não está irritada com algo que *eu* tenha feito, e não permito que meus sentimentos mergulhem na negatividade. Então, simplesmente me afasto daquela pessoa ou situação. Se não puder fazer isso, concentro-me em elevar meu nível de felicidade.

Às vezes, a infelicidade dos outros indivíduos é enorme. Falar alguma coisa quando estão irritados pode ser intimidador, mas é bom confrontá-los e alertá-los sobre as consequências do comportamento deles. Tenha em mente, no entanto, que nada do que responderem fará com que você se sinta mal. Você tem o controle dos seus pensamentos e sentimentos, e decide que atitude quer assumir. Tente dizer a si mesmo alguma coisa como: é uma pena que ela esteja tão irritada, mas não posso responder com irritação ao mau humor dela, nem às críticas ásperas que ela está fazendo, porque eu prefiro me sentir feliz. Como fez minha amiga, você pode optar por se afastar do recinto, ou evitar essas pessoas quando estão de mau humor, de modo a conservar sua alegria.

Pode ser difícil manter tal atitude quando você está lidando com uma pessoa amada, mas não há como fazer todo mundo sentir-se feliz. Tudo o que você pode fazer é permanecer de bom humor, convidar a outra pessoa a mudar para um estado emocional mais positivo e aceitar a decisão dela de permanecer angustiada, se for o que ela escolher.

Lembre-se de que alguns indivíduos podem ser tão profundamente infelizes que precisam de ajuda profissional. É importante reconhecer os limites de sua capacidade para tirar alguém de uma depressão — nunca sinta que pode ser capaz de curar o sofrimento de uma pessoa simplesmente porque a ama profundamente.

A FELICIDADE VAI E VEM

A felicidade tem fluxos e refluxos. Embora você possa modificar suas emoções e retornar a um estado de espírito mais feliz, de modo consciente, às vezes é impossível deixar de sentir-se infeliz. Você não pode apenas apertar um botão e ficar instantaneamente alegre, mas pode fazer um esforço concentrado para sair da tristeza e ingressar na alegria.

Quando minha mãe estava morrendo, todos nós sabíamos que perdê-la era só uma questão de tempo. Minhas emoções percorriam picos e vales, enquanto eu atravessava um processo de angústia, antes mesmo que ela se fosse. Havia momentos em que eu me sentava e chorava, pensando sobre as coisas que fazíamos juntas, e que jamais faríamos de novo. Naquele mês de outubro, percebi que estávamos compartilhando seu derradeiro Dia de Ação de Graças. Então, mesmo triste por saber que aquele seria o último feriado que passaríamos juntas, lembrei-me de valorizar aquele dia. Fiquei muito mais consciente das boas coisas da vida do que ficaria normalmente. Foi como se cada emoção fosse uma taça de vinho fino que eu girava nas mãos, inalando o buquê da bebida e sentindo seus sabores enquanto a bebericava lentamente. Durante as horas que passei com mamãe, prestei atenção aos meus pensamentos e sentimentos. Descobri que, embora triste, sentia-me grata, na maior parte do tempo, por poder estar com ela mais alguns momentos.

Enquanto esteve no hospital, minha mãe teve alguém de nossa família lhe fazendo companhia durante as vinte e quatro horas do dia. Eu me perguntava: o que ela estará sentindo? Muitas pessoas não são afortunadas o bastante para ter seus entes queridos a seu lado neste período tão precioso — muitas, na verdade, não têm nem um breve momento para dizer adeus. Eu olhava para ela e tentava entender o que ela estaria sentindo. Ela parecia resignada, como se simplesmente estivesse observando tudo o que acontecia, enquanto iniciava o processo de desligamento.

Meu irmão montou uma enorme colagem de fotos referente a eventos da vida dela, e nós nos reuníamos para conversar sobre as lembranças ligadas a cada foto. Tornamos o quarto mais acolhedor, trazendo almofadas róseas e macias e flores frescas. Quando rememorávamos os incidentes divertidos de nossa vida, manifestávamos nossa felicidade de forma incondicional. Conhecendo mamãe, eu sabia que ela gostaria que nossa família permanecesse feliz, e não em um estado de profunda tristeza. Por conseguinte, permitimos que nossos sentimentos fluíssem e refluíssem naturalmente. Eu não evitava a alegria nem a tristeza. Não pensava: eu não deveria me sentir alegre agora; ela pode ficar ofendida; ou: eu não deveria estar triste, porque isto não vai ajudar em nada. Permaneci calma e concentrada em cada instante, pois aceitei o ritmo de meus sentimentos. Quando mamãe finalmente faleceu, eu já tinha atravessado fases de angústia. Pude então lhe dizer adeus. Sei que não conseguiria fazer isso se tivesse lutado contra o processo, tentando adivinhar o que *deveria* estar sentindo a cada momento. Descobri que, ao me submeter à experiência, a beleza e a alegria acabavam retornando, mesmo nas horas tristes.

Viver com alegria — observando as coisas com curiosidade e valorização — põe nossos problemas em sua devida perspectiva. Começamos a ver possibilidades, em vez de obstáculos, e esperança, em vez de desespero. Posso entender por que muita gente pensa que a felicidade é tudo na vida, mas será que é? O que dizer das outras importantes qualidades que encontrei ao longo do caminho? Será que me esqueci de alguma coisa em minha ardorosa busca pela solução?

A SOLUÇÃO

"A única coisa que não se curva à imposição da maioria é a nossa consciência."

Harper Lee

São tantas as opções na vida e tantas as informações disponíveis, que se torna difícil descobrir o que é necessário para sermos felizes, bem-sucedidos e realizados. Somos tentados a acreditar na existência de alguma fórmula mágica que simplifique o que conhecemos e nos ajude a perceber com clareza que passos devemos dar.

Depois de muitas pesquisas e introspecção, enfim descobri a resposta: e vi que não há *uma resposta*. Não existe uma verdade absoluta que apague todas as minhas dúvidas e leve embora meus medos e mágoas.

Mas A *solução*, a fórmula para vencer, esta existe. Vou partilhá-la com você, mas você precisa saber que você tem *sua* própria solução — a qual está sempre mudando.

QUAL É A SUA SOLUÇÃO?

A *solução* é sua receita pessoal para obter alegria, satisfação e um sentido de propósito em sua vida — e combina todos os elementos sobre os quais falei neste livro:

- Assumir a responsabilidade pela sua própria vida.
- Administrar seus pensamentos e emoções.
- Estabelecer e atingir suas metas.
- Doar-se aos outros incondicionalmente, com um sentido pessoal de compaixão.
- Sentir-se grato.
- Cuidar dos detalhes e se orgulhar de seu trabalho.
- Ser feliz.

Para atingir cada um desses objetivos, como vimos, é preciso ter equilíbrio e adaptabilidade. Por exemplo, se você decidir que sua vocação é ajudar as pessoas que passam necessidades, não poderá exagerar nos esforços, sob pena de se exaurir e comprometer o objetivo. Caso se proponha a obter determinado cargo em sua empresa, terá de ajustar sua meta se for transferido para outro departamento. Não é bom para o seu bem-estar avaliar a si mesmo pela realização de seus objetivos exatamente conforme planejou; flexibilidade é um componente-chave de sua jornada.

Ninguém lhe poderá indicar o ponto em que você estará deixando o caminho do equilíbrio, ingressando na trilha dos esforços penosos, das frustrações e da infelicidade. Somente você será capaz de sentir quando estiver se entregando demais, ou se atolando no perfeccionismo. Como cada indivíduo tem seu próprio ponto de equilíbrio, a melhor maneira de encontrá-lo é ser honesto consigo mesmo a respeito dos próprios valores e deixar que os sentimentos lhe indiquem o que é correto para você — seu guia interior não o conduzirá na direção errada.

A seguinte história, adaptada de uma fábula de Esopo, mostra bem o que acontece quando procuramos fora de nós mesmos a resposta para o que devemos fazer com nossas vidas:

O HOMEM, O MENINO E O JUMENTO

Era uma vez um homem que resolveu vender seu jumento no mercado, e chamou seu jovem filho para ajudá-lo. Juntos, ambos se dirigiram ao vilarejo, caminhando ao lado do jumento.

Logo se depararam com um sujeito que perguntou a eles:

— Vocês vão andar até a vila com este jumento?

— Sim, vamos — respondeu o homem.

— Por que vocês não montam nele? Para que serve um jumento, senão para carregar vocês? Que tolice!

O homem balbuciou:

— É claro, você tem razão. — E ajudou o filho a montar no jumento.

Continuando seu caminho em direção ao mercado, eles passaram por um grupo de homens. Um deles gritou:

— Vocês estão indo para a vila? Que vergonha, menino, deixar seu velho pai andar esse caminho todo, você é jovem e saudável!

Embaraçado, o homem tirou o filho de cima do jumento e montou no animal.

Alguns quilômetros adiante, os viajantes alcançaram as cercanias do vilarejo. Ao passarem por duas mulheres, o homem ouviu uma delas dizer para a outra:

— Não é horrível? Esse homem está fazendo a pobre criança andar até a vila, enquanto ele vai montado.

Desconcertado novamente, o homem mandou que o filho montasse no jumento, atrás dele, enquanto se dirigiam à cidade.

Logo passaram por outros homens, que lhes disseram desgostosamente:

— Olhem para aquele jumento, tão frágil e tendo de carregar duas pessoas. Como vocês estão maltratando o pobre animal!

O coitado do fazendeiro já não sabia o que fazer. Estava desagradando a todo mundo naquele dia! Por fim, teve uma ideia. Pediu ao filho para cortar um grande galho de árvore para amarrar nele as patas do jumento. E explicou:

— Vamos carregar o jumento pendurado nos ombros. Assim, ninguém vai poder nos criticar por montar nele.

Usando uma corda, eles amarraram o jumento, que zurrou e esperneou em protesto. Foi difícil, mas eles finalmente terminaram o serviço e colocaram o animal sobre os ombros. Quando estavam atravessando a ponte da cidade, as pessoas no mercado começaram a rir, apontando para eles.

— O que aqueles dois estão fazendo? Esse homem é louco?! — diziam.

O aterrorizado jumento tanto esperneava que acabou se desprendendo das cordas. Mas caiu no rio e morreu afogado.

Um velho que tinha presenciado tudo disse:

— Isso vai ensinar vocês. Tentem agradar a todo mundo, e não vão agradar a ninguém.

Todos têm uma opinião, mas só você sabe o que é adequado para você. Se procurar as respostas fora de si mesmo, ouvirá boas e más sugestões; se der ouvidos a todas, perderá de vista o que mais lhe interessa. A solução é usar sua sabedoria interior e tudo o que aprendeu para descobrir sua receita pessoal de felicidade e autorrealização. Em outras palavras: para descobrir sua chave do triunfo, ouça seu coração, sua mente e seu corpo — e não apenas as opiniões alheias. Somente assim, encontrará a receita certa para você.

O que é mais importante para você não pode ser baseado nos conselhos dos outros, mas no que você *sabe* ser valioso e *sente* que é prioritário. Para identificar realmente o que é importante, você precisa se conhecer e ser completamente honesto, de modo a ter certeza de que está sendo leal aos seus valores e ao que deseja construir na vida. Tudo começa com o amor a si mesmo — quando você ama a si mesmo, ignora aquelas vozes interiores que só fazem se lamentar: "quem sou eu para merecer isso? Quem sou eu para conseguir isso? Quem sou eu para me sentir assim?" Quanto mais você se valoriza, mais será capaz de acreditar em seus pontos de vista. Com amor-próprio suficiente, você descobrirá o que deve fazer para permanecer fiel às suas metas.

Seu caminho pode levá-lo em direções inesperadas — e talvez seja impossível ver todo o caminho à frente; mas você perceberá quando fez uma curva errada e deve mudar de direção. Tudo será claro, porque você tem uma bússola interna, que não o guiará para o lugar errado. Prestando atenção às suas convicções mais caras e sendo fiel a elas, você saberá quando um movimento é incorreto. Terá capacidade para perceber que está marcando passo e corajosamente analisará as razões disso, ultrapassando os bloqueios que criou em sua mente e se reconectando com sua criatividade e resiliência.

Eis uma coisa para você ter em mente: quando achar que descobriu a chave do triunfo — obtendo a sensação de conquista e satisfação que você procurava —, saiba que ela poderá se modificar no dia seguinte. A fórmula para a autorrealização é ajustada diversas vezes em sua vida. A certa altura, por exemplo, você poderá estar concentrado em atingir suas metas; mais tarde poderá mudar e enfatizar mais a gratidão pelo que já tem. Ao ansiar por algo melhor — de modo a obter mais prazer e felicidade —, você poderá modificar sua fórmula, descobrindo o que funciona para você naquele determinado momento. Verá então que tudo o que deseja aparecerá no momento certo, pois você se dedica à sua paixão.

USANDO SUA RECEITA PESSOAL

Você não pode criar sua receita pessoal se não souber o que está tentando fazer. Para isto, pergunte a si mesmo: "qual é o propósito ou o princípio que norteia minha vida?" Quando responder a esta pergunta, será capaz de reconhecer facilmente o que combina com o seu objetivo e o que não combina. Assim, quando tiver de tomar qualquer decisão, pense: "este caminho está alinhado com meu propósito?" Caso ache que não, saberá que é o caminho errado. Caso ache que sim, você ainda deverá se perguntar se há outros caminhos que também se alinhem com seus objetivos — pode haver uma estrada melhor do que a primeira que surgiu.

Pense em seus propósitos como um prato que você gostaria de preparar, e a chave do triunfo como uma receita. De vez em quando, como todos os cozinheiros, você poderá ter de prescindir de certos ingredientes, ou ter de esperar até encontrar outros ingredientes. Cabe a você decidir se sua ênfase é doar-se, em vez alcançar *status*, ou administrar seus pensamentos para se livrar do perfeccionismo. É você quem decide o que pretende fazer e como vai chegar lá.

Embora possa determinar sua própria chave do triunfo, nem sempre você terá um controle total sobre as suas circunstâncias. Todos os *chefs* têm de improvisar às vezes, mas nunca perdem de vista seus objetivos: se estiverem preparando sopa, sabem que terão de cortar vegetais; se for uma sobremesa, deixam de lado os vegetais e começam a bater o creme.

Identificar as aspirações pode levar tempo — levei anos para descobrir que a minha é levar uma contribuição positiva para a vida das outras pessoas. Quando me convidam para fazer alguma coisa que não se enquadra no meu propósito, e hesito em recusar o convite, pergunto a mim mesma: por que estou querendo fazer isso, se não se enquadra nos meus objetivos? Frequentemente, a resposta tem raízes em convicções ocultas, que precisam ser tratadas, tais como: porque estou com medo do que pode acontecer se eu não aceitar, ou: porque sinto que tenho de provar meu valor.

Ideologias antigas e negativas podem estar tão arraigadas em nossa mente que temos de trabalhar duro para ignorá-las. A cada vez que o fazemos, elas vão se tornando mais fracas e menos capazes de nos influenciar. Mas o único modo de eliminá-las totalmente é percebermos quando estão nos afetando, substituindo-as conscientemente por sentimentos mais sadios, que estejam alinhados com nossa meta de chegada.

O motivo pelo qual tantos de nós não conhecemos nossas ambições é que não costumamos ser encorajados a descobrir o que poderá nos dar uma sensação de significado e realização. A maioria de nós foi ensinada a viver de certa forma. Disseram-nos que, quando encontrássemos problemas, deveríamos trabalhar com afinco para resolvê-los, e só depois voltar à vida normal. Com isso, segundo este raciocínio, seremos felizes durante a maior parte do tempo. Se não estivermos alinhados com nossos objetivos, porém, e tentarmos nos enquadrar na ideia de outra pessoa a respeito do que é melhor para nós, perderemos de vista o que valorizamos e ficaremos frustrados ao perceber que os problemas não vão embora. Mesmo quando seguimos a fórmula de felicidade elaborada por outra pessoa e nossos problemas são mínimos, provavelmente nos sentiremos descontentes, e perguntaremos a nós mesmos: isso é tudo o que há?

Somente nós podemos decidir qual é nosso propósito, ou o que nos manterá em contato com nossos anseios e paixões. Nosso destino não é necessariamente algo grandioso ou predeterminado; não chegamos a este planeta com uma missão exclusiva e inalterada. Penso que cabe a nós decidir qual será nosso projeto. Depois disso nos sentiremos seguros, graças à nossa bússola interior.

Seu propósito pode não ser servir aos outros, mas, seja qual for, será difícil que não afete outras pessoas de forma positiva, mesmo que você não se dê conta disso. Assim como George Bailey no filme *A Felicidade não se Compra*, você pode estar se esquecendo das muitas vezes na vida em que fez a coisa certa, em conformidade com seus valores, e melhorou profundamente a vida de outras pessoas.

ALICERÇANDO-SE EM SEUS PROPÓSITOS

Ter um sentido de propósito é saber que o que você está fazendo, a qualquer momento, combina perfeitamente com quem você é, com seus valores e com seus pontos de vista — o que lhe dá apoio e orientação.

Recentemente, fui a uma luxuosa loja de roupas masculinas com a finalidade de comprar presentes para meu filho, Michel, e para meu marido, Denis. O vendedor claramente adorava o que fazia, pois me recebeu da seguinte forma:

— Pois não. Diga-me quais são suas necessidades hoje, e o que posso fazer para deixar a senhora satisfeita?

Esta pergunta me deixou desconcertada, pois não era o que eu estava acostumada a ouvir quando entrava em uma loja. Em vez de responder: "estou só olhando", como costumo fazer, expliquei exatamente por que estava lá, pois senti que aquele homem realmente queria me ajudar a conseguir meu objetivo. Respondi então:

— Tenho de comprar algumas roupas para meu filho usar no funeral de minha mãe. Ele é adolescente, por isso é muito exigente com as roupas que usa. Quero ter certeza de que vou comprar alguma coisa que ele usará de novo, embora ele esteja crescendo. Também quero comprar um terno novo para o meu marido, ele também é muito exigente com as roupas que usa.

O vendedor começou a me mostrar um par de calças para Michel, explicando por que elas eram exatamente o que eu queria; e até me impediu de comprar determinada carteira, dizendo que não era a melhor opção para meu filho. Ao sair da loja, eu tinha encontrado exatamente o que estava procurando. E disse a ele:

— Sabe, você é muito bom no que faz.

Ele respondeu:

— Obrigado! Eu me sinto melhor sabendo que deixei a senhora satisfeita.

Se a proposta do vendedor fosse vender tantos artigos dispendiosos quantos pudesse, ele não teria sido tão eficiente. E eu teria saído frustrada da loja, por ter gastado dinheiro demais em coisas que não eram adequadas para Michel e Denis. Embora o objetivo daquele funcionário fosse vender roupas, meu palpite é que ele tinha um propósito claro na vida, que lhe permitia fazer seu trabalho sem tentar manipular as pessoas, levando-as a abrir a carteira para comprar o que lhe proporcionasse uma comissão maior.

Quando vivemos de acordo com nossos propósitos, vivenciamos alegria, generosidade, confiança e curiosidade. Atraímos naturalmente os meios de atingir nossas metas e enxergamos com clareza como iremos avançar — a vida é como deveria ser.

Qual seria, então, sua receita pessoal? A resposta está nos capítulos finais deste livro.

FAZENDO O UNIVERSO TRABALHAR A SEU FAVOR

ALINHE SEU PROPÓSITO

"Ninguém pode ensinar o que está dentro de uma pessoa; a própria pessoa tem de descobrir isto e encontrar um meio de expressá-lo."

Eduardo Chillida

Quase todos nós nos limitamos a reagir aos problemas, em vez de nos concentrarmos em aproveitar a vida, criar sentimentos positivos e acreditar que podemos visualizar uma existência para nós mesmos. Temos de abandonar as distrações que nos mantêm correndo de um lado para outro, e reservar algum tempo para refletir — seja indo para um retiro, tirando umas férias, meditando, escrevendo um diário ou dando uma longa caminhada. Parar e pensar sobre o rumo de nossa vida nos dá a chance de analisar nossos sentimentos e descobrir — ou redescobrir — o que nos importa acima de tudo; é a oportunidade que temos para examinar nossa bússola interior.

Frequentemente, mas nem sempre, o sentido de propósito obtém melhores resultados quando usamos nossos talentos para fazer diferença no mundo. Quando ajudamos os outros, ficamos conscientes de que há pessoas que se importam e contam conosco. Sentimo-nos melhor com nós mesmos — esperançosos também —, pois percebemos que estamos fazendo uma contribuição positiva. Mas como poderemos saber quais são nossos talentos, e ainda por cima examiná-los, se vivemos ocupados demais, e nunca paramos para perguntar: "por que estou aqui?, ou: como poderei ser útil?"

Seu propósito, como eu já disse, não precisa ser grandioso. Pode ser simplesmente viver feliz, levando alegria às pessoas com as quais se importa, e ser uma boa pessoa. Mas as *suas* definições de vida feliz e boa pessoa podem não ser iguais às minhas, pois temos nossos próprios valores — e não há nada de errado nisso. Quando você reservar algum tempo para descobrir o que de fato lhe interessa, começará a perceber qual é sua *Solução* particular.

Em primeiro lugar, faça uma pequena pesquisa de si mesmo: você tem necessidade de estar cercado de gente e profundamente envolvido na vida dos outros? Sente que seu propósito é passar longas horas fazendo pesquisas que poderão acarretar grandes progressos científicos? Precisa se conectar com sua alma todos os dias, através de preces e meditação? Ou vivencia sua espiritualidade apenas interagindo com outras pessoas de forma positiva?

Ao pensar nas atividades que têm significado para você, nunca minimize os meios de atingir suas metas. Não se apresse em dar ouvidos aos que o subestimam porque você não age como eles, ou se expressa de forma diferente. Talvez esses indivíduos não estejam percebendo que o magoam quando criticam o modo como você vive. Às vezes, estão tão enraizados na fórmula de *sucesso* que lhes foi ensinada, que reagem negativamente quando alguém não se enquadra nela. Podem nem ter uma *solução*, portanto não sabem que a receita que você desenvolveu se aplica apenas aos seus *próprios* sentimentos, convicções e valores. É importante lembrar sempre que existe mais de um caminho que o conduz à espiritualidade, ajudando os outros, ou mesmo fazendo outras coisas na vida.

AS SETE PARTES DA FÓRMULA DO SUCESSO

Na Parte I deste livro, você tomou conhecimento das sete partes que constituem a fórmula vencedora para a autorrealização, o sucesso e a felicidade. Descobriu as vantagens de cada uma e as desvantagens de se concentrar demais em elementos específicos, como se eles representassem a solução definitiva. No processo, percebeu que sua fórmula é seu modo particular de encontrar equilíbrio na vida.

Segue-se um sumário dos tópicos abordados nos sete primeiros capítulos, para ilustrar melhor a harmonia necessária para que você obtenha a solução para uma vida plena:

1. *Socorro.* Você não pode ficar esperando que os outros venham resgatá-lo de sua infelicidade. Ao mesmo tempo, você não é uma ilha, e haverá situações em que precisará do apoio de outras pessoas. O equilíbrio consiste em encontrar um meio-termo entre tentar fazer tudo sozinho e esperar que os outros façam tudo por você.

2. *Administrar seus pensamentos e emoções.* Ninguém mais pode fazê-lo sentir-se feliz ou triste, pois é você quem escolhe suas emoções e os pensamentos que as sustentam. Quanto mais positivos são seus sentimentos e convicções, melhor será sua situação; mas esquivar-se totalmente às emoções e aos pensamentos negativos não é uma coisa saudável. Você deve deixá-los emergir para aprender com eles. Depois, permita que se desvaneçam, à medida que os substitui por sentimentos mais positivos. O equilíbrio consiste em realizar o trabalho interno juntamente com o trabalho externo, cuidando de sua disposição mental e de suas emoções — ao mesmo tempo em que age de forma positiva. Será mais fácil motivar a si mesmo se estiver se sentindo bem, mas você não poderá deixar de agir. Se ficar parado, enquanto analisa os motivos de não estar avançando — ou simplesmente se sente bem, aproveitando as emoções, mas não agindo em função delas —, você não estará em equilíbrio.

3. *Ser motivado por metas e realizações.* Mover-se sempre em direção às suas metas, passo a passo, é importante para alcançar o que você deseja. Mas existem momentos em que você precisará entrar em um estado de tranquila receptividade, permanecendo aberto a novas ideias e possibilidades, e acreditando que elas surgirão para você.

4. *Doando aos outros.* Equilibrando os atos de dar e receber, você será capaz de ter sucesso no mundo, sem ficar exausto nem depauperado.

5. *Sentir gratidão.* É importante aceitar sua situação tal como é no

momento, aprender o que puder com ela e descobrir motivos para se sentir grato. Ao mesmo tempo, provavelmente, você desejará criar algo melhor para si mesmo. O equilíbrio consiste em encontrar um terreno comum entre labutar arduamente e aceitar a situação.

6. *Cuidar dos detalhes.* Se você pretende atingir suas metas, terá de cruzar seus "tês" e colocar os pingos nos "is" — além de ter orgulho em fazer o melhor o possível nas áreas que mais lhe interessam. Entretanto, não é bom cair no perfeccionismo, atolando-se em detalhes a ponto de perder de vista as prioridades.

7. *Ser feliz.* Embora você possa ter a aspiração de ser feliz o tempo todo, precisa aceitar o fato de que, como membro da espécie humana, você jamais alcançará essa meta. O equilíbrio consiste em aceitar o fluxo e refluxo de suas emoções e aprender com as dificuldades, para poder superá-las e retornar ao estado de felicidade.

Todos têm um ponto de equilíbrio diferente, e você provavelmente não desfrutará de perfeita simetria em todas as áreas. O equilíbrio ocorre com o tempo, e os elementos que compõem um indivíduo ou um relacionamento harmonioso mudam constantemente. Por exemplo, um casamento deveria ser uma parceria de meio a meio, mas às vezes um dos cônjuges contribui com setenta por cento, enquanto o outro contribui com trinta. E há ocasiões em que um contribui com noventa e cinco por cento e o outro apenas com cinco.

As pessoas estão sempre tentando equilibrar a vida pessoal com a profissional. Se você souber quais são seus objetivos e prioridades, terá mais facilidade para alcançar a proporção perfeita. Reservando regularmente algum tempo para reflexões, e desenvolvendo o hábito da introspecção, você poderá retornar ao estado de harmonia sempre que sair dele.

QUANDO VOCÊ PERDE O EQUILÍBRIO

Quando você se limita a reagir aos acontecimentos da vida, ou permite que outras pessoas e circunstâncias externas reajustem suas metas, você

110

perde o sentido de direção e suas prioridades ficam confusas. Saiba qual é o *seu* propósito e reflita *sempre* sobre ele, para poder viver em conformidade com sua receita vitoriosa para o sucesso — a alegria e a satisfação que você procura.

Para me assegurar de que permaneço em equilíbrio e fiel às minhas prioridades — encontrando uma proporção feliz entre doar e receber —, eu organizo cuidadosamente a minha vida. Não quero, de repente, me descobrir pensando: o que estou fazendo com minha vida? Como cheguei aqui e para onde estou indo? Quero passar algum tempo agradecendo por todas as bênçãos que recebi e me concentrando naquilo que desejo criar para mim mesma em cada um dos meus preciosos dias. Permaneço atenta e, quando percebo que estou gastando tempo demais em algo que está me desviando do meu propósito, corrijo meu curso.

Por exemplo, se são cinco horas da tarde e, de repente, noto que estive trabalhando tanto que quase não falei com meu marido durante o dia inteiro, tomo a decisão consciente de desligar o computador. Ter tempo para meu marido e meu filho, e me dedicar totalmente a eles nesses momentos, é muito importante para mim.

Assim sendo, ao perceber que não interagi com eles tempo suficiente, dou por terminado meu dia de trabalho. E quando estou fazendo uma refeição junto com minha família, controlo meus pensamentos e não fico pensando sobre o que pretendo fazer no dia seguinte. Acredite, levei um longo tempo e gastei muita energia para tornar minha vida mais equilibrada — não é fácil quebrar hábitos maquinais.

Às vezes, claro, estou ocupadíssima com algum trabalho e permaneço logada na internet até muito depois do jantar. A diferença é que, quando faço isto, estou tomando uma decisão consciente. Se eu ignorasse automaticamente o fato de que estou me colocando em desequilíbrio, trabalhar um número excessivo de horas se tornaria um hábito arraigado. Logo me veria mergulhada em uma vida muito diferente da que tanto me esforcei para criar. Portanto, quando tenho de trabalhar até altas horas, tento não perder tempo com sentimentos de culpa ou autocrítica. Apenas permaneço consciente da necessidade de recuperar o equilíbrio no dia seguinte, fazendo uma escolha mais saudável. Embora eu não consiga permanecer cem por cento equilibrada o tempo todo — ninguém consegue —, este é sempre meu objetivo.

Os exercícios a seguir poderão ajudá-lo a criar harmonia, usando o poder de suas emoções. Ouça seus instintos no que concerne aos cenários que você gostaria de criar em sua mente, e aos sentimentos que gostaria de gerar. Você, somente você, saberá dizer se está preocupado demais com detalhes, se passa muito tempo em um estado de espírito negativo, se espera que outros venham ajudá-lo quando tem capacidade para resolver os próprios problemas e assim por diante. Leia os exercícios lentamente e depois tente fazê-los.

EXERCÍCIO 1: CRIANDO EMOÇÕES POSITIVAS USANDO SUA MEMÓRIA

Pense numa época em que fez alguma dessas coisas:

- Socorreu a si mesmo.

- Deixou que alguém cuidasse de você.

- Administrou conscientemente seus pensamentos e emoções.

- Parou de analisar seus pensamentos e emoções e, simplesmente, fez o que sabia que deveria ser feito.

- Superou um obstáculo e conseguiu alcançar um objetivo.

- Deu tempo a si mesmo e diminuiu o ritmo, com o objetivo de descobrir qual deveria ser seu próximo passo, e a resposta veio até você.

- Doou-se aos outros, de coração, e se sentiu bem.

- Reservou algum tempo para cuidar de si mesmo e se recuperar, depois de ter se doado aos outros.

- Expressou uma gratidão genuína.

- Sentiu um desejo profundo de criar alguma coisa melhor do que o que já tinha.

- Prestou atenção aos detalhes de determinado trabalho e obteve resultados positivos.

- Tomou a decisão de não se preocupar com alguns detalhes de algum trabalho e se concentrou no quadro maior.

112

- Sentiu-se realmente feliz.

- Teve uma profunda revelação ao levar em consideração o que sentimentos dolorosos lhe ensinaram.

Repita as cenas em sua mente. Lembre-se do que sentiu e saboreie esses sentimentos.

EXERCÍCIO 2: CRIANDO EMOÇÕES POSITIVAS USANDO SUA IMAGINAÇÃO

Escolha um dos seguintes pensamentos e crie na imaginação uma cena correspondente, que lhe permita gerar emoções positivas.

Pense em:	Imagine uma cena em que você:
Um problema que o faz sofrer	Resolva o problema você mesmo
Um sentimento doloroso	Sinta um sentimento agradável
Um objetivo a ser alcançado	Tome uma atitude a favor do seu objetivo e finalmente o alcance
Alguém que você gostaria de ajudar, ou uma causa que você gostaria de contribuir de algum jeito	Ajuda uma pessoa ou contribui para uma causa que faça diferença na vida de alguém
Alguma coisa que você gostaria de ter na vida	Seja grato por tudo que você tem por aquilo que desejou alcançar e conquistou
Uma situação onde esteja ansioso em querer fazer tudo dar certo	Concentre-se em seus objetivos, pois todos os detalhes estão sendo cuidados, sem a necessidade de preocupação ou sofrimento
Uma situação que o fará feliz	Sente uma imensa gratidão

TEMPO LIVRE E REFLEXÃO

No lugar onde moro, no Canadá, costumo dirigir para lugares distantes. Adoro fazer isso, pois tenho oportunidade para me afastar das distrações e refletir. Essas chances para pensar são muito importantes para mim, pois descubro que, se não examinar o que se passa dentro de mim, posso ficar estressada e desenvolver alguma doença — o que é um sinal de desequilíbrio.

Viver de acordo com seus propósitos significa ter uma visão. A falta de direcionamento o leva a correr de um lado para outro — apagando incêndios e tentando resolver problemas —, sem saber para onde está indo nem por que pretende chegar. Ao conceder a si mesmo um pouco de tempo livre, você começa a se tornar mais reflexivo, o que lhe permite ter uma perspectiva maior dos fatos, recarregar as baterias e corrigir o curso de sua vida.

Embora eu tenha tido diversos empregos maravilhosos, ao longo de minha vida, fui demitida de um deles, logo no início de minha carreira. Foi horrível ouvir: você não é bem o que nós estamos precisando, mas refleti sobre o que me acontecera enquanto voltava para casa e tive de admitir que eu não era mesmo o que eles precisavam. Muita gente havia me recomendado com veemência aquela empresa, supostamente um lugar ideal para trabalhar. Mas meus instintos me diziam que não era um bom lugar para mim, sobretudo depois que percebi o atraso da firma, em termos tecnológicos. Eu sabia que não me sentiria orgulhosa de trabalhar lá — e sentir orgulho do meu trabalho é importante para mim.

Apesar das bandeirinhas vermelhas, dei ouvidos aos outros e me candidatei ao emprego de escrever manuais para equipamentos que considerava inferiores. Como não seria vendedora, convenci a mim mesma de que poderia superar meus sentimentos negativos a respeito dos produtos, do trabalho e da empresa, cumprir o horário das nove às cinco e recolher meu contracheque (ganhava bem). Mesmo assim, detestei cada minuto que passei lá! Eu tinha um gabinete nos fundos do prédio — escuro, atravancado e sem janelas — que parecia uma cela de prisão, onde eu estivesse cumprindo pena. Devido aos meus sentimentos, eu não dava o melhor de mim e não conseguia me interessar pelo trabalho. Eu teria me mandado embora também! Mas, na época, faltava-me a autoestima necessária para dizer: eu mereço um emprego que seja adequado para mim, um emprego que me motive a correr até o escritório, todas as manhãs, para dar início a mais um dia empolgante.

Ao ficar desempregada, encarei o fato como uma oportunidade para me livrar de comportamentos temerosos e reativos. Embora fosse difícil deixar de me preocupar com dinheiro e houvesse um buraco no meu currículo que despertaria a curiosidade de futuros empregadores, eu sabia que precisaria parar de dar ouvidos às opiniões alheias e começar a consultar minha bússola interior.

114

Perguntei a mim mesma o que desejava e precisava, e concentrei-me no tipo de trabalho que se enquadraria em minha visão de uma vida feliz, gratificante, empolgante e repleta de oportunidades. Depois, pensei em como abrira mão de valores importantes para conseguir um emprego e em como isso me fizera mal. Embora ainda me lembre de como me senti chocada, constrangida e amedrontada durante aquele período, sou grata por ter tido a oportunidade de descobrir por mim mesma a importância de levar meus propósitos em consideração, antes de tomar grandes decisões. Desde então, tenho percebido com muita clareza o que o *segredo de uma vida plena* significa para mim. Ela pode mudar aqui e ali — quando me tornei mãe, por exemplo, minhas ideias sobre o que eu queria da vida se modificaram bastante —, mas meus valores essenciais determinam sempre minha receita pessoal.

Tornou-se minha paixão ajudar outros indivíduos a descobrir suas *próprias* paixões e a explorar os muitos elementos que eles podem incorporar às respectivas soluções de sua vida. No passado, eu orientava as pessoas individualmente; hoje, escrevo sobre minhas ideias e as ensino a comercializar seus livros, gerando mais felicidade. Sinto-me em paz comigo mesma e entusiasmada, pois sei que estou vivendo de acordo com meu exclusivo conjunto de valores e desejos.

DA NEGLIGÊNCIA À DILIGÊNCIA

Eu tive uma dentista que tentou me fazer usar fio dental todos os dias, enfatizando a importância desta rotina e em como ela previne a gengivite, que pode não só provocar a perda de dentes como também diabetes e doenças cardíacas. Levei a sério a advertência dela, mas vivia esquecendo seus conselhos, pois simplesmente não tinha o hábito de fazer isso. Então, na visita seguinte, ela me deu um punhado de embalagens de fio dental, dizendo:

— Quero que você ponha uma na pia — não no armário do banheiro, mas na pia, onde você possa ver. Coloque outra na sua bolsa, outra no seu carro e as demais onde você as veja regularmente e se lembre de usar o fio dental.

Peguei as amostras grátis e, quase instantaneamente, desenvolvi o hábito de usar o fio dental com regularidade. Não tinha como me esquecer da existência dele, pois estava sempre à minha frente, lembrando-me de minha meta.

Da mesma forma, deixei de fazer afirmações somente de manhã, enquanto estava me aprontando, e passei a repeti-las várias vezes ao dia. Imprimi-as e espalhei-as por toda parte: dentro da minha bolsa, no carro, na mesinha de cabeceira, no espelho do banheiro, ao lado do computador e na porta da geladeira. Quando parava em um sinal luminoso, pegava a lista que mantinha no carro e recitava as afirmações em voz alta, gerando as poderosas emoções ligadas àqueles pensamentos positivos. Chegava a tirar a lista da bolsa para ler os itens em silêncio na sala de espera do médico. Quando ia abrir a geladeira, lá estava a lista, bem diante de mim. Sempre que me deparava com as afirmações, ou as vislumbrava, eu as lia. Assim, não me sentia maravilhosa e otimista apenas durante dez minutos, enquanto realizava minhas rotinas matinais; sentia essas emoções o dia inteiro.

Os resultados foram assombrosos. Enquanto eu recitava as afirmações e me sentia ótima por apenas alguns momentos ao dia, não consegui produzir nenhuma grande diferença em meu estado emocional como um todo. Noventa por cento do tempo, eu estava me preocupando com alguma coisa, sentindo-me mal comigo mesma ou pensando em como meus problemas eram horríveis. Portanto, aqueles poucos pensamentos positivos não tinham como contrabalançar tanta energia negativa — não é de admirar que não estivessem funcionando! Quando desenvolvi o hábito de ler frequentemente aquelas afirmações poderosas, comecei a me sentir bem durante noventa por cento do tempo.

Estabelecer o hábito da positividade permite que você se lembre de que deseja estar em equilíbrio e que seus pensamentos e emoções estão sob controle. Assim, você logo perceberá quando seus pensamentos estiverem tomando um rumo prejudicial e poderá mudar para: posso aprender alguma coisa com o que estou sentindo agora? Ou esta emoção é resultante dos costumeiros pensamentos negativos? Se puder aprender alguma coisa, ótimo; sente-se e explore o sentimento negativo. Caso contrário, mude imediatamente de canal. Provando que tem capacidade para criar uma perspectiva mais benéfica apenas mudando seus pensamentos, você saberá que pode fazer isso a qualquer momento, trocando os sentimentos sombrios pelas sensações alegres.

Embora não haja uma resposta simples, que permita que todos

alcancem a autorrealização e a felicidade, você, como qualquer outra pessoa, poderá descobrir seu próprio caminho. Existe uma fórmula simples para facilitar a tarefa, por vezes intimidadora, de atingir o objetivo global de obter prazer e satisfação. Você a conhecerá a seguir.

TRÊS PASSOS PARA CRIAR SUA FÓRMULA VENCEDORA

"A criação de milhares de florestas depende de uma semente."

Ralph Waldo Emerson

Há pouco tempo, enquanto estava viajando, parei para jantar em um restaurante chinês, em estilo bufê, que apregoava ter mais de cem itens no menu. Imaginei que, com tantas opções, eu com certeza encontraria alguma coisa deliciosa. Mas, quando examinei o bufê, descobri que quase todos os pratos eram frituras ou estavam nadando em gordura. Como não era o tipo de refeição que eu procurava, logo percebi que as opções não eram tão numerosas quanto eu tinha pensado.

Se você se encontra no processo de decidir o que deseja para si mesmo — e está em busca de conselhos, orientações e informações —, pode sentir-se atordoado no início; mas não demorará a perceber que suas opções são tão abundantes quanto as do referido bufê de cem itens. O simples número delas pode parecer excessivo; mas, se você olhar com atenção, começará a classificar os pratos, eliminando os que não são adequados para você.

É natural que nossa reação a tantas informações e opções seja o desejo de encontrar a chave que resolva todos os nossos problemas e nos conduza em direção ao sucesso, à autorrealização e ao contentamento. A vida seria muito mais simples se existisse algo que sempre funcionasse, mas um tamanho só não cabe em todo mundo.

Os conselhos práticos que se veem na internet, ou em revistas, podem não ser apropriados para você. Por exemplo, uma vez me deparei com uma lista de dicas para perder peso, que incluía: "Nunca coma depois das oito da noite". O que deve ser difícil de fazer se você sai do emprego às 7h30. Outra dica aconselhava o interessado a fixar na porta da geladeira uma foto de si mesmo no auge da obesidade, para desencorajá-lo de beliscar. Mas também já ouvi que devemos colocar uma foto nossa no auge da magreza, na porta da geladeira, para nos servir de inspiração. Conselhos contraditórios estão por toda parte. A melhor dica de dieta que provavelmente já ouvi foi: coma menos, e coma principalmente vegetais. Não seria bom se todos os dilemas da vida pudessem ser resolvidos de forma tão simples? Mas mesmo esse conselho não é tão simples. Você deve cozinhar os vegetais, ou comê-los crus? Se comer menos, isto significa menos alimentos, de modo geral, ou somente menos calorias e guloseimas? E você não deve, na verdade, aumentar o consumo de itens que possuam muitos nutrientes e fibras? Eu poderia fazer inúmeras outras perguntas.

Você pode estar ansioso para encontrar respostas simples, mas infelizmente elas são raras. É possível encontrar algumas orientações gerais que façam sentido, mas qual seria o melhor processo para peneirar a montanha de informações e encontrar o que funcionaria para *você*? Eu acredito na abordagem dos três passos, que são: *classificar, combinar* e *modificar*.

CLASSIFIQUE AS INFORMAÇÕES E AS POSSÍVEIS OPÇÕES

O primeiro passo para classificar montanhas de informações e possíveis opções é fazer uma pausa e escutar seus instintos — há uma razão para que você tenha sido atraído por este livro e não por outro, por determinado parceiro romântico e não por outro. Se você se sente bem consigo mesmo e confiante em que fará as escolhas certas, terá menos problemas com o processo classificatório. Será capaz de ouvir seu sexto sentido e tomar uma direção, em vez de ficar criticando a si mesmo ou de chamar seus amigos para decidirem por você.

Sempre que meus clientes me perguntam sobre os conselhos contraditórios que ouvem, eu peço que parem por um momento e escutem o que dizem seus instintos. É impressionante como, muitas vezes, eles sabem o que querem fazer, mas acham que têm de checar todas as opções. Esta inabilidade para separar o que serve do que não serve está frequentemente enraizada em medo, culpa e baixa autoestima. Se as pessoas não acreditam que podem tomar uma decisão correta, evitarão tomar qualquer decisão. Se não estão bem consigo mesmas, não serão fiéis aos seus desejos e paixões, e irão procurar uma opção que os outros aprovem — ingressando, provavelmente, no caminho errado.

Se você está evitando tomar uma decisão, acha-se sobrecarregado de possibilidades ou procura ajuda para simplificar suas avaliações, faça uma pausa e identifique o que está sentindo. Crie emoções positivas, como amor, fé e confiança; depois de fazer isso, perceberá que se tornou mais fácil distinguir as opções inadequadas e poderá se concentrar nas que se ajustam a você.

A curiosidade também é uma emoção positiva, pois abre um leque de possibilidades. Ao entrar em uma grande livraria, por exemplo, você poderá se entusiasmar com a quantidade de volumes nas estantes e mesas, e ficar ansioso para examiná-los. O número de opções pode deixá-lo atarantado, no início, mas se escutar seu sexto sentido, você saberá para qual setor deve se dirigir e que livros deve escolher. Deixe o instinto guiá-lo, pois se ouvir somente seu cérebro, poderá ser influenciado por convicções negativas subconscientes, tais como: gente como eu não lê essas coisas, então nem vou entrar naquela seção — as pessoas podem ficar me olhando; ou: eu deveria ler livros sobre este assunto, mas não estou nem um pouco inspirado para isso.

Siga os instintos sempre que for confrontado com uma série de opções e depois deixe a mente contribuir com suas ideias. Decisões que estejam em conformidade com sua verdadeira personalidade nunca estarão erradas, mesmo que o levem a situações em que você tenha de aprender lições difíceis. Trabalhando em conjunto, sua mente e seus instintos o ajudarão a determinar quais escolhas oferecem boas possibilidades e quais você pode ignorar.

COMBINE SUA MULTIPLICIDADE DE OPÇÕES COM SEUS DESEJOS INTERIORES

O passo seguinte para criar sua fórmula vencedora para a autorrealização, a felicidade e o sucesso é mergulhar profundamente no autoconhecimento, de modo a identificar os valores, desejos e talentos que pode estar negligenciando. Você não poderá decidir o que fará, se não souber o que *realmente* deseja.

Nos muitos anos em que encorajei pessoas a alcançar metas e sonhar alto, descobri que a maioria delas tem uma espécie de amnésia a respeito dos dons maravilhosos que possuem. Há não muito tempo, tive um cliente ótimo de se trabalhar. Seguia minhas sugestões e agia imediatamente para atingir sua próxima meta — e sempre me agradecia por tudo o que eu estava fazendo por ele. O que ele não percebia era que eu só estava lhe mostrando seus óbvios talentos. Ele jamais reservara tempo para refletir sobre quais seriam seus pontos fortes e nunca se considerara um trabalhador incansável — o que era, a meu ver, a coisa mais evidente nele!

Você já pode ter notado alguma coisa parecida a respeito de alguém que estima, pois as pessoas muitas vezes subestimam a si mesmas. Quando se sentem amedrontadas, vulneráveis ou inseguras esquecem totalmente as coisas maravilhosas que realizaram. Acho que isto se deve ao fato de que muita gente não recebe muito encorajamento em seus primeiros anos de vida. É provável que você fosse admoestado ou criticado quando cometia algum erro; mas quantas vezes seus pais, professores, parentes ou irmãos mais velhos o congratularam por alguma coisa certa que fez? Você pode ter começado a acreditar que suas habilidades, talentos e características positivas fossem coisas corriqueiras, até que essas qualidades acabaram desaparecendo de sua autoimagem.

Ser reflexivo é, em parte, reservar algum tempo para observar as coisas certas que você faz. Você tratou bem seus filhos quando os levou à escola hoje? Você administrou um conflito com um colega de trabalho iniciando um diálogo sadio e produtivo? Você usou sua criatividade para solucionar algum problema?

Registre também o que você fez de positivo e admirável no passado. Quais são os talentos que você tem e dos quais já se esqueceu? Fico sempre fascinada ao saber que algum conhecido tem um passado interessante, que já superou um enorme desafio ou dominou uma atividade difícil. À medida que for identificando os dons que tem negligenciado, você descobrirá ferramentas que poderão ser usadas na concretização de suas metas.

É útil ter um amigo, instrutor, terapeuta ou colega que seja capaz de nos lembrar de nossas qualidades positivas, já que muitas vezes só nos vemos de uma determidada forma. Há pouco tempo, minha irmã me deu de presente um espelho de maquiagem que me permite mudar a iluminação e estudar qual é minha aparência à luz do dia, em ambientes fechados ou à noite; posso virá-lo e examinar meu rosto ampliado cinco vezes. Eu nunca tinha percebido como pareço diferente conforme a luz se modifica ou minha imagem aumenta. Muitas vezes, não temos consciência de que o modo como vemos a nós mesmos difere muito do modo como os outros nos veem.

Embora seja benéfico que outras pessoas nos lembrem de nossas qualidades, também é útil que vozes neutras apontem possíveis contradições entre nossos valores e nossas escolhas. Pode não ser uma coisa fácil, mas é importante ouvir essas vozes. Ao pesar opções, temos de estar tão alertas quanto possível— nossas decisões devem ser tomadas conscientemente, para que estejam em consonância com quem realmente somos.

QUANDO É DIFÍCIL FAZER UMA ESCOLHA

Se você entra em pânico ao ter de efetuar uma escolha, a tendência é fazê-la depressa, para poder relaxar logo e ficar mais tranquilo. Ao abordar uma crise ou um problema desta forma, porém, o mais provável é que você tome a decisão errada. Você não poderá acessar sua sabedoria interior até que esteja calmo e sinta confiança em si mesmo — só então terá uma percepção íntima de qual caminho deverá tomar.

Uma das razões pelas quais às vezes entramos em pânico e chegamos a conclusões precipitadas é que nos sentimos desconfortáveis naquele momento. Eis um exemplo de minha própria vida: a província canadense onde residimos atualmente constitui um desafio para mim, pois não falo francês e é difícil encontrar um médico nas proximidades. Denis e eu já decidimos que nos mudaremos depois que Michel completar o ensino médio. Mas já comecei a fazer pesquisas na internet, procurando casas à venda. Sei que, quando chegar a hora, encontraremos o lugar certo; mesmo assim, estou tão ansiosa para mudar que fico ligando para o corretor e tomando outras medidas, como se fosse comprar uma casa nova agora.

Por sorte, tenho duas amigas que me conhecem bem. Sempre que telefono para elas e digo: acabei de descobrir uma casa ótima em Ontário, acho que vou dar uma olhada nela, no caso de..., elas gentilmente me lembram de que, desta forma e a esta altura da vida, eu não estaria mantendo minha fórmula vitoriosa. Parte de mim deseja que elas digam: você tem razão, Peggy, é uma casa maravilhosa. Esqueça seus planos... Acho que vocês devem se mudar agora! Mas se me dissessem isso não seriam as grandes amigas que são. Agradeço por ter pessoas em minha vida que me impedem de tomar decisões apressadas, lembrando-me que estou agindo fora de sintonia com minha exclusiva chave do triunfo.

Às vezes, simplesmente, não gostamos das escolhas de que dispomos no momento: eu não quero permanecer onde estou, mas também não quero me mudar agora, já que isto afastaria Michel de sua escola e de seus amigos. Sei que, com o tempo, as circunstâncias irão mudar e terei outras opções. Mas, como a situação presente não é a ideal, parece que nada vai acontecer. Sei que, em vez de focalizar o que não tenho, preciso ter consciência das coisas que tenho e me sentir grata e feliz neste momento.

MODIFIQUE À MEDIDA QUE SUAS NECESSIDADES E DESEJOS MUDAM

Seu caminho muda com o tempo, pois a vida muda — assim como você. De fato, modificar sua fórmula vencedora de acordo com suas mudanças interiores — criando uma nova combinação de elementos que funcione para você — é algo que você fará durante toda a sua vida.

Quando sentimentos de insatisfação aparecem, é um sinal claro de que você precisa reformular suas opções e escolhas. Talvez você sempre tenha gostado de viajar a trabalho, mas agora deseja uma vida mais sedentária. Ou talvez sinta que tem se concentrado muito em resolver os problemas de sua vida, e não passou tempo suficiente desfrutando o que já possui. Ou talvez, ainda, pretenda dedicar mais tempo a construir um patrimônio financeiro, ou a prestar serviços à comunidade. Se você chegou à conclusão de que está na hora de mudar, é importante gerar sentimentos positivos, de modo a ter condições de ajustar sua fórmula pessoal para a autorrealização, a alegria e o sucesso.

As pessoas frequentemente se sentem infelizes quando precisam modificar sua rotina, pois receiam as novas mudanças. Podem sentir-se ameaçadas e pessimistas. Incapazes de perceber a possibilidade de criar situações melhores para si mesmas, enxergam apenas os obstáculos que as impedem de ser felizes. Entretanto, à medida que conseguem gerar mais alegria, começam a vislumbrar meios de contornar os bloqueios, pois emoções positivas acionam nossa criatividade.

Existem inúmeras formas de se utilizarem os talentos para gerar oportunidades de autogratificação. Eu, por exemplo, ensino as pessoas a ganhar dinheiro através da internet. Tal como vejo as coisas, a internet proporciona oportunidades ilimitadas para usarmos a imaginação e criarmos riqueza mediante a venda de produtos, serviços e informações. A rede proporciona aos meus clientes acesso a compradores em todo o planeta, além de portais que os ajudam a encontrar as pessoas com mais probabilidade de se interessarem por suas mensagens ou produtos. Como decido conscientemente fomentar minhas emoções positivas, o que me torna muito criativa, sou capaz de perceber muitas das possibilidades da internet.

Entendo que pode ser fácil acreditar na ideia de que nossas circunstâncias atuais jamais irão melhorar, mas isso simplesmente não é verdade. Tudo muda. Você poderá perguntar a si mesmo: vou apenas responder às mudanças que me são impostas, ou assumir o controle e criar a vida que desejo para mim mesmo? Tenha em mente que portas se abrem e fecham, mas pelo menos uma delas está sempre aberta em algum lugar. Quando alguma se fecha para você, acesse sua curiosidade e confiança, para que possa perseverar e descobrir outra oportunidade.

Você poderá descobrir que seu cadastro de clientes encolheu, que sua situação financeira mudou, que as necessidades das pessoas mudaram ou que a área para onde você foi realocado não oferece oportunidades óbvias e numerosas para você atingir seus objetivos. Tudo isto afetará sua chave do triunfo, é claro, mas tente permanecer confiante. A fórmula

124

vitoriosa que você desenvolveu estará sempre alicerçada nos seus valores fundamentais. Basta olhar as coisas em perspectiva e procurar novas chances. Enquanto isso, seja paciente, pois as ideias nem sempre ocorrerão imediatamente.

Obviamente, você não é o mesmo indivíduo que foi ontem, anteontem, há cinco dias ou vinte anos atrás, e não será o mesmo no futuro. Mas as pessoas tendem a esquecer isto, trancando-se em uma definição restrita sobre si mesmas e se agarrando a ela como que para salvar a vida. Por exemplo, insistir em que você não é o tipo de pessoa capaz de fazer determinada coisa oferece uma falsa sensação de segurança. Tem certeza de que você não é esse "tipo de pessoa"? Analisar se temos de fato o que precisamos para atingir nossas metas é uma coisa empolgante e energizante, quando estamos com uma disposição criativa e abertos a possibilidades.

Às vezes você tem as habilidades e os talentos para criar a vida que deseja, mas os tem negligenciado. Portanto, o que está entre você e a vida que almeja pode ser simplesmente o medo. Uma mudança pode exigir que você renuncie a alguma coisa — seja grande ou pequena —, embora provavelmente vá ganhar alguma outra coisa em troca. Mas, embora você possa perder dinheiro, tempo ou conforto para atingir sua chave do triunfo, pense no que estará criando para si mesmo!

Jamais sacrifique seus sonhos e valores mais profundos. Você não precisa comprometer sua integridade para ganhar dinheiro, nem esconder quem realmente é para encontrar um parceiro romântico. Se permanecer fiel a si mesmo e seguir o processo de classificar, combinar e modificar — sempre gerando sentimentos e pensamentos positivos —, as circunstâncias de sua vida começarão a se alinhar com suas intenções.

CHECANDO SEUS SENTIMENTOS

Concluindo este capítulo, quero fazer um lembrete importante: sempre que você estiver tentando decidir se alguma coisa está em conformidade com seus propósitos, reserve um momento para examiná-la junto a seus instintos. *Você precisa passar de um estado emocional negativo para um estado emocional positivo?* Em outras palavras, você pode saber exatamente o que fazer, mas talvez, antes disso, tenha de reforçar sua autoconfiança e amor-próprio — de modo a encontrar coragem para dar o primeiro passo. Se você estiver com medo de mudanças inesperadas, que podem ocorrer quando enveredar por um caminho diferente, a reflexão lhe permitirá descobrir isso. Por exemplo: mudar de carreira, retornar aos estudos ou mudar de domicílio são coisas que afetarão alguns de seus relacionamentos. Se estiver amedrontado demais para analisar os efeitos das transições, você poderá tanto desistir delas quanto seguir em frente sem medir consequências.

Se você for contemplativo, ficará atento à sua resposta inicial ao objetivo e às mudanças envolvidas, pois suas emoções são uma valiosa fonte de informação. Caso se sinta muito empolgado, provavelmente estará prestes a tomar o rumo certo. Mesmo assim, terá de continuar a checar seus sentimentos. Está realmente entusiasmado, ou se convenceu a demonstrar entusiasmo porque acha que é isto o que deve fazer? Está empolgado, mas ao mesmo tempo um pouco amedrontado? Analise então este sentimento de medo, que às vezes pode ser apenas um reflexo enraizado numa antiga convicção. Vá em frente e examine esta convicção — consciente e corajosamente. Não se sinta surpreso se ela não tiver nada para lhe ensinar e for apenas um ruído do qual você precisa se livrar.

Sentir-se nervoso com uma mudança não significa que ela não seja benéfica para você. Você pode decidir, por exemplo, que terá de desenvolver uma nova habilidade para alcançar seu objetivo e, entusiasmado, contrata alguém para ensiná-la a você. Então, ao começar o aprendizado, você começa a sentir-se desconfortável, pois se depara com antigos conceitos sobre sua falta de aptidão para determinadas tarefas — ou, simplesmente, com um instrutor inadequado. Explorando as crenças ligadas aos seus temores e inseguranças, você poderá com certeza aprender alguma coisa.

Por exemplo, você percebe que o aprendizado que irá obter com a experiência não é o que imaginava. Talvez, por força de suas inseguranças, você tenha confiado depressa demais em alguém que o impressionou pelas razões erradas — e contratado um professor que não consegue ensinar com eficiência o que você precisa aprender. Graças a esta experiência, você percebe com clareza o que está procurando e, mais tarde, poderá contratar um instrutor que seja perfeito para você. Os aborrecimentos

126

sempre podem lhe ensinar alguma coisa, quando você escuta seus instintos e sentimentos. Se aprender com seus desacertos, eles não terão acontecido em vão. O caminho errado, às vezes, pode levá-lo na direção que pretendia seguir!

Seja qual for o caminho a seguir, você não andará sozinho, pois sempre precisará, de diversas formas, da ajuda dos outros. No capítulo seguinte, você aprenderá que trabalhar com outras pessoas é parte importante para sua fórmula vencedora.

TRABALHANDO COM OS OUTROS PARA CRIAR A VIDA QUE VOCÊ DESEJA

"O ato de dar conecta duas pessoas, o doador e o receptor, e esta conexão acarreta um novo sentido de entrosamento."

Deepak Chopra

Nenhum de nós pode alcançar suas metas por conta própria, pois estamos todos interligados, e precisamos da ajuda uns dos outros. Infelizmente, permitimos que nossos temores e inseguranças nos impeçam de pedir ou aceitar a assistência necessária. Frequentemente, desconfiamos das pessoas diferentes de nós e demoramos a perceber que elas podem nos ajudar. Não entendemos que, embora diferentes na aparência, compartilhamos muitos valores e desejos; discordamos apenas no modo de atingir os objetivos ou de interagir com os demais.

Seja qual for *A solução*, o caminho para a felicidade, a autorrealização e o sucesso não é uma estrada deserta. Encontraremos muitas pessoas no caminho e, quanto mais compaixão tivermos — pelos outros e por nós mesmos —, mais vontade teremos de receber e oferecer ajuda ao longo de nossa jornada.

DIFERENTES ESTILOS

Todos nós temos talentos e interesses diferentes, que resultam em prioridades diferentes. Por exemplo, eu tenho pouco interesse em investimentos, mas Denis sabe que isto não significa que não me interesso em proteger nosso patrimônio. Apenas prefiro ter uma ideia geral de como estamos investindo, deixando os detalhes com ele e com nosso corretor de investimentos. Meu marido e eu "captamos" um ao outro — entendemos que possuímos preocupações diferentes. Francamente, estou mais interessada em descobrir modos de gerar uma renda maior do que em me envolver com os diversos tipos de investimentos.

Ao lidar com colegas de trabalho, sócios, membros da família ou vizinhos, saiba que cada um deles, provavelmente, tem uma receita de sucesso diferente da sua — mas não presuma que eles não se interessam por ela. Por exemplo: você sente que está se doando mais que seu cônjuge, e que ele não está lhe dando apoio. Mas talvez ele ache que dizer "Eu te amo" ou ser afetuoso não seja uma coisa importante — seu modo de se doar pode garantir um bom padrão de vida para você e seus filhos.

É bom lembrar que algumas pessoas acreditam que o fato de trabalharem duro para atingir seus objetivos, raramente se expressando, é aceitável; outras acham que a comunicação entre os membros da mesma equipe é muito importante para a felicidade e bem-estar de todos os envolvidos, assim como para uma definição clara das prioridades. Portanto, sempre que perceber alguma divergência de opinião ao trabalhar com outros indivíduos, seja curioso e procure ver o mundo com os olhos deles. Pergunte-lhes por que fazem o que fazem e escute as respostas com atenção. Aceite seus pontos de vista e, se eles não compartilharem de todas as suas opiniões, não leve isto para o lado pessoal. Procure coisas em comum e vai acabar descobrindo que a distância entre vocês não é tão grande, afinal.

PEDI E RECEBEREIS

Eu acredito firmemente no trabalho em equipe, pois as pessoas, em sua maioria, estão ansiosas para ajudar os outros e gostam de se sentir necessárias e importantes. Portanto, pedir conselhos, opiniões e ajuda aos indivíduos que trilham o mesmo caminho que você, mas têm mais experiência, dá-lhes oportunidade para vivenciar a alegria de doar.

Eu não tinha contatos na área editorial quanto comecei a escrever livros há alguns anos, mas acreditava que encontraria quem quisesse me dar a mão e trabalhei muito para me encontrar com autores de sucesso. Tornei as coisas fáceis para eles, não lhes pedindo mais do que necessitava e respeitando o tempo de que dispunham. Por isso mesmo, o curso de *marketing* pela internet, que ministro atualmente, enfatiza a descoberta de parceiros mercadológicos para escritores. O maior desafio não é a falta de interessados em ajudar meus clientes, mas o excesso!

Graças à internet, podemos nos conectar com quase qualquer pessoa no mundo. Sou velha o bastante para me lembrar de uma época em que, quando desejava me comunicar com uma pessoa, tinha de usar um velho telefone de disco e esperar que alguém atendesse do outro lado, pois não existia correio de voz e as secretárias eletrônicas eram raras. Ainda assim, as pessoas conseguiam encontrar parceiros de negócio.

Mas mesmo em nossa época tecnologicamente avançada, se você estiver procurando desculpas para não se comunicar com as pessoas, sem dúvida as encontrará; mas se suas metas estão enraizadas na paixão, você descobrirá um meio de estabelecer contatos significativos. Caso se sinta relutante em aproximar-se de indivíduos que não conhece, ou com os quais não tem muita intimidade, encontre alguma coisa em comum para estabelecer um relacionamento. Você pode lhes dar uma boa notícia? Fazer um favor? Tornar o trabalho de ajudar você o mais fácil possível?

Frequentemente, o verdadeiro motivo pelo qual as pessoas hesitam em pedir ajuda não é sentirem-se incapazes de encontrar alguém disposto a fazer isso, mas temerem que seu pedido seja encarado como uma imposição e crie ressentimento. Não tenha medo de pedir ajuda. Apenas, seja respeitoso, educado e claro a respeito do que deseja. As pessoas sempre podem dizer não, você não é responsável pelos sentimentos delas. Se você lhes pedir alguma informação ou qualquer outra coisa, é responsabilidade delas informá-lo se querem atender ao pedido e se esperam, ou não, receber alguma coisa pelo trabalho.

Você não deve se sentir mal se as pessoas lhe derem mais do que realmente pretendiam. Elas podem estar achando que já doaram muito e precisam de uma trégua, mas atendem ao seu pedido por força do hábito. Ou talvez, por algum motivo, estejam doando contra a vontade, o que as deixa de mau humor. Nada disso é culpa sua.

Naturalmente, você não vai querer pedir demais, dando a impressão de que não é comedido. Se o seu estado de espírito é o de doar incondicionalmente, você não exigirá muito e não será preguiçoso, pedindo uma coisa que você mesmo pode fazer. Na verdade, quando você pergunta: como eu posso fazer isto? com um estado de espírito de gratidão, é bem possível que a outra pessoa diga: bem, deixe que eu faço isso para você. A generosidade dela poderá surpreendê-lo!

Caso seu pedido esteja envolto em bondade e confiança, em vez de mesquinharia, medo, insegurança e inveja, você não estará constrangendo ninguém. Uma profissional que conheço diz que, quando possíveis clientes contam muitas histórias em que figuram como vítimas, ela procura ficar longe deles. Por experiência, ela sabe que tais pessoas estão desequilibradas e provavelmente verão a interação com a *lente do mártir*, que as torna extremamente desconfiadas. Quando seus clientes estão bem consigo mesmos, ficam receptivos às sugestões dela, e muito mais dispostos, de coração, a dar e receber.

DIGA SIM PARA RECEBER AJUDA

Quando você se encontra em um estado emocional positivo — e vive de acordo com sua vida —, pode delegar tarefas, sempre que necessário. Já tive funcionários que não realizavam o trabalho exatamente como eu queria, mas eu ficava grata, mesmo assim, por ter alguém que fizesse o trabalho. Recentemente, uma pessoa que contratei escreveu um *press release* e decidi fazer algumas modificações. Ela pediu muitas desculpas, por não ter conseguido captar meu ponto de vista, mas eu a lembrei de que ela me poupara bastante tempo escrevendo a primeira versão — e expressei minha gratidão por seu esforço e diligência. Sei que vai levar tempo para que ela aprenda a redigir minutas como eu desejaria, portanto, tenho paciência com ela. Tento ser menos exigente, reconhecendo que os outros veem as coisas de modo diverso. Portanto, sou capaz de valorizar o desempenho da minha funcionária — e sua abordagem única para o trabalho. Embora eu tenha decidido que a minha solução foi melhor, naquele caso, acho muito útil reconhecer a perspectiva de alguém que vê as coisas de um modo que eu não havia considerado.

Ao se tornar rígido demais a respeito de como as coisas devem ser, você se fecha a algumas possibilidades interessantes. Acaba dominado pela necessidade de controlar os outros e se torna hipercrítico, achando que ninguém mais será capaz de realizar o admirável trabalho que você faz. Mas quando você relaxa e não se sente frustrado, intolerante ou hipercrítico, trabalhar com os outros torna-se muito mais fácil.

Além de reduzir nossas tendências controladoras, receber ajuda requer que amemos a nós mesmos, ainda que não tenhamos como resolver nossos problemas por conta própria. Como não somos destinados a viver em isolamento, devemos aprender as lições de dar e receber trabalhando com os outros — o que significa doar incondicionalmente, solicitando ajuda e aceitando-a gentilmente quando for oferecida.

Como já mencionei, pedir ajuda exige coragem. Os homens, principalmente, não gostam de pedir ajuda. E procuram solucionar seus problemas sozinhos, pois não querem ser vistos como fracos. As mulheres, de fato, procuram mais aconselhamento que os homens. Meu palpite é que as mulheres aprendem que não há nada de errado em pedir ajuda; mas os homens são condicionados a acreditar que têm de "aguentar firme" e resolver tudo eles mesmos. Mas homens ou mulheres, devemos todos responder a uma oferta de ajuda com um simples: sim, obrigado! Eu gostaria muito que você fizesse isso para mim.

Todas as pessoas têm inseguranças, portanto, é possível que você se sinta mais à vontade pedindo ajuda em algumas situações do que em outras. Se você sabe que precisa de auxílio, mas evita solicitá-lo, provavelmente está sentindo medo. Tente criar em si mesmo sentimentos de coragem. Mas se o comportamento temeroso continua se repetindo, peça ajuda de qualquer forma — a própria atitude poderá reduzir seu nível de ansiedade.

Mas não cometa o erro de perder a fé em si mesmo, apenas por ter percebido que precisa de alguns aperfeiçoamentos — todo mundo precisa! Por exemplo, se você não se comunica bem com seu filho, isto não significa que você seja um mau pai; se não controla adequadamente suas finanças, não significa que deva se sentir constrangido ao precisar de alguém que o faça. Quanto mais você aceitar a si mesmo, mais fácil será admitir que necessita da colaboração alheia para superar os obstáculos em seu caminho para o sucesso.

A AJUDA ESTÁ AO MEU REDOR

Ao decidir procurar ajuda, você poderá pensar: mas eu não quero que ninguém saiba nada sobre o assunto que está me preocupando. Bem, comece a conversar com as pessoas — você poderá ficar surpreso com a sabedoria delas e as conexões que têm com outras pessoas. Uma editora *free lancer* que conheço, por exemplo, contou-me que parentes e amigos dela costumam lhe indicar escritores iniciantes, até mesmo sua cabeleireira já fizera isso. Você se lembra do filme *Seis graus de separação*? Foi baseado na ideia de que cada um de nós está a apenas seis conexões pessoais de qualquer outra pessoa no mundo. Ou seja, você poderá estar a apenas um ou dois graus de separação da pessoa capaz de lhe oferecer ajuda.

A internet se transformou em uma ferramenta maravilhosa para a obtenção de suporte e informações. Comece a pesquisar uma simples palavra e veja aonde isto o levará. Na internet, você dispõe de fóruns *on-line*, grupos de apoio e *sites* que podem ajudá-lo a localizar profissionais especializados na área que lhe interessa. O Facebook e outros *websites* de relacionamento também poderão conectá-lo a outras pessoas que compartilham de seus interesses. Há mais adultos usando a internet hoje em dia do que em qualquer outra época precedente — com o objetivo de formar redes de relacionamentos, e não para controlar os filhos adolescentes.

Peça ajuda e terá certeza de que não está sozinho — inúmeras pessoas desejarão ajudá-lo a atingir suas metas. Até mesmo desconhecidos entenderão sua situação, mostrando-se solidários e dispostos a lhe dar auxílio. (Às vezes, os desconhecidos são mais capazes de lhe oferecer apoio prático e emocional do que as pessoas que estão ao seu redor). À medida que suas sensações de alegria e esperança se tornem mais fortes, mais você se sentirá inspirado a doar aos outros. Perceberá então que faz parte de uma enorme comunidade, que deseja contribuir para um mundo melhor e levar felicidade às pessoas sempre que possível. Que situação maravilhosa!

O apoio, geralmente, provém de amigos e da família. Mas quando aqueles a quem você ama não estão em condições de encorajá-lo, pode ser difícil permanecer num estado de espírito positivo e não se sentir magoado. Uma das lições que aprendi foi a de que, quando se trata de afirmações negativas feitas por outros, é preciso considerar quem as fez:

alguns indivíduos têm características que não lhes permitem fazer o que gostariam de fazer pelas pessoas que amam.

Durante a minha infância, meus pais eram às vezes muito bruscos comigo. Davam duro para criar quatro crianças e não eram do tipo que diz aos filhos: estou muito orgulhoso de você, só por você ser você! Simplesmente, não tinham sido criados assim — meu pai, em particular, teve uma infância emocionalmente muito difícil. Na época em que eu era jovem, as pessoas não entendiam como era importante fazer com que as crianças se sentissem valorizadas e amadas de forma incondicional. Eu sabia que, a seu modo, meus pais me amavam e queriam que eu soubesse disso. Mas não puderam me dar o apoio que eu precisava na ocasião. Por fim, aprendi a aceitar o fato.

Pode ser difícil lidar com a falta de aprovação das outras pessoas, mas, ao perceber que elas não o encorajarão, tome cuidado para não criar sentimentos negativos a respeito de si mesmo. Despersonalize a situação e faça o possível para entendê-las e respeitar a opinião delas. Tornando-se receptivo e afetuoso, você gera emoções positivas que lhe permitem encontrar novas possibilidades de apoio. Conheci muitas pessoas que obtiveram um encorajamento incrível de gente que mal conheciam.

Enquanto trabalha com outras pessoas e enfrenta desafios, permaneça fiel a suas metas. Caso ocorram conflitos e você não saiba o que fazer ou para que lado olhar, olhe para seu interior. Gere emoções positivas e conecte-se novamente com suas prioridades e valores mais profundos. Se descobrir que mudaram, é hora de ajustar seu caminho. Tenha orgulho de sua honestidade e disposição para mudar de rumo, permanecendo alinhado com os desejos de seu coração. Peça apoio e reconhecimento de outras pessoas sempre que se sentir inseguro, mas deixe a palavra final para aquela voz interior que está conectada à sabedoria do universo — e que funciona como sua bússola interna. Você tem potencial para ser um vencedor em todas as áreas da vida, mas precisa parar de procurar fora de si mesmo a fórmula da vitória. Só você, e apenas você, pode definir a chave do triunfo que lhe despertará sentimentos de paixão, contentamento, realização, admiração, sucesso — assim como disposição para tornar sua vida ainda melhor. Faça isso, pois você merece a vida que deseja!

FIM

AGRADECIMENTOS

Escrever um livro é uma coisa, mas escrever os "agradecimentos" é um desafio — pelo menos para mim. Há muita gente que merece reconhecimento. Uma página ou duas não bastam para expressar minha gratidão a todos os que me deram o apoio inestimável que recebi.

Minha vida foi abençoada com dois homens especiais: meu filho, Michel, e meu marido, Denis. Gentilmente, ambos me motivam a permanecer fiel às mensagens deste livro, vivendo com retidão e propósito, e me sentindo realizada. Com eles em minha vida, não há como ser diferente.

Para Nancy Peske, a talentosa coautora deste livro (e de muitos outros), obrigada!

Se você me ouvir falar de Nancy, só escutará elogios efusivos. Nancy é um presente de Deus — um anjo na Terra — que me ajuda a enviar mensagens importantes aos meus leitores do mundo inteiro.

Minha devotada, generosa e bondosa agente, Cathy Hemmings, é outra luz brilhante neste mundo e em minha via. Ela acredita em mim, oferece-me apoio infinito, nunca faz críticas, sempre se doa e é uma pessoa incondicionalmente amorosa. Eu adoro quando ela conclui seus *e-mails* com "sua fiel agente, Cathy".

Sinto imensa gratidão pelo incrivelmente talentoso grupo que a Hay House me proporcionou: Jill Kramer, Alex Freemon, Shannon Littrell e Patrick Gabrysiak. Obrigada pela dedicação de corpo e alma que colocam em seu trabalho e por fazerem o bem neste mundo.

Para a máquina mercadológica por trás da promoção de meus livros pela internet, liderada por minha irmã Judy O'Beirn, minha meiga sobrinha Jennifer Gibson, minha outra adorável sobrinha Amy Lusk, e a encantadora Yvonne Higham: obrigada pelo enorme apoio e pelo trabalho infindável realizado por vocês para que os livros cheguem às mãos de quem mais os aprecia.

Todas as semanas, eu me reúno com minha querida e especial amiga Arielle Ford, que é também minha orientadora. Ela me apoia, encoraja, guia e possui um brilhante cérebro mercadológico! O mais importante, entretanto, é seu espírito amoroso. Arielle doa-se incondicionalmente, mais do que qualquer pessoa que eu já tenha conhecido.

Meu grupo de apoio e orientação tem sido e continua a ser um maravilhoso conjunto de amigos. Arielle faz parte dele também! Sou grata por ter me associado a essa incrível turma de talentosos visionários, líderes, autores e conferencistas, que inclui: John Assaraf, Marci Shimoff, Ken Foster, Debbie Ford, Gay Hendricks e Greg Reid. Agradeço o apoio constante e os brilhantes *insights* que eles me oferecem.

Obrigada aos meus professores: Bob Proctor, Zig Ziglar, Deepak Chopra, Louise Hay, Wayne Dyer, Neale Donald Walsh, Og Mandino, Tony Robbins e muitos outros!

Obrigada a você também, caro leitor, e aos clientes a quem tenho a bênção de servir.

Para maiores informações a respeito de Peggy e do seu trabalho, visite: **www.destinies.com.**

Sucessos de ZIBIA GASPARETTO

Romances mediúnicos, crônicas e livros. Mais de 10 milhões de exemplares vendidos. Há mais de 16 anos, Zibia Gasparetto vem se mantendo na lista dos mais vendidos, sendo reconhecida como uma das autoras nacionais que mais vendem livros.

Romances ditados pelo espírito Lucius

- O Amor Venceu
- O Amor Venceu (em edição ilustrada)
- O Morro das Ilusões
- Entre o Amor e a Guerra
- Laços Eternos
- O Matuto
- Esmeralda
- O Fio do Destino
- Espinhos do Tempo
- Quando a Vida Escolhe
- Somos Todos Inocentes
- Pelas Portas do Coração
- A Verdade de Cada Um
- Sem Medo de Viver
- O Advogado de Deus
- Quando Chega a Hora
- Ninguém é de Ninguém
- Quando é Preciso Voltar
- Tudo Tem seu Preço
- Tudo Valeu a Pena
- Um Amor de Verdade
- Nada é por Acaso
- O Amanhã a Deus Pertence
- Onde Está Teresa?
- Vencendo o Passado
- Se Abrindo pra Vida

Crônicas Mediúnicas — Espíritos Diversos

- Voltas que a Vida Dá
- Pedaços do Cotidiano

Crônicas ditadas pelo espírito Silveira Sampaio

- Pare de Sofrer
- O Mundo em que Eu Vivo
- Bate-papo com o Além
- O Repórter do Outro Mundo

Outros Livros de Zibia Gasparetto

- Conversando Contigo!
- Eles Continuam entre Nós
- Reflexões Diárias

Sucessos de
SILVANA GASPARETTO

Obra de autoconhecimento voltada para o universo infantil. Textos que ajudam as crianças a aprenderem a identificar seus sentimentos mais profundos tais como: tristeza, raiva, frustração, limitação, decepção, euforia etc., e naturalmente auxiliam no seu processo de autoestima positiva.

• Fada Consciência

Sucessos de
LUIZ GASPARETTO

Estes livros vão mudar sua vida! Dentro de uma visão espiritualista moderna, vão ensiná-lo a produzir um padrão de vida superior ao que você tem, atraindo prosperidade, paz interior e aprendendo, acima de tudo, como é fácil ser feliz.

• Atitude
• Faça Dar Certo
• Prosperidade Profissional
• Conserto Para uma Alma Só (poesias metafísicas)
• Para Viver sem Sofrer
• Se Ligue em Você (adulto)

Série AMPLITUDE

• Você está Onde se Põe
• Você é seu Carro
• A Vida lhe Trata como Você se Trata
• A Coragem de se Ver

Livros ditados pelo espírito Calunga

• Um Dedinho de Prosa
• Tudo pelo Melhor
• Fique com a Luz
• Verdades do Espírito

Livros Infantis

• Se Ligue em Você – nº 1, 2, e 3
• A Vaidade da Lolita

LUIZ ANTONIO GASPARETTO EM CD

Autoajuda. Aprenda a lidar melhor com as suas emoções para conquistar um maior domínio interior.

Série PRONTO SOCORRO

1 – Confrontando o Desespero
2 – Confrontando as Grandes Perdas
3 – Confrontando a Depressão
4 – Confrontando o Fracasso
5 – Confrontando o Medo
6 – Confrontando a Solidão
7 – Confrontando as Críticas
8 – Confrontando a Ansiedade
9 – Confrontando a Vergonha
10 – Confrontando a Desilusão

Série VIAGEM INTERIOR (vols. 1. 2 e 3)

Exercícios de Meditação

Por meio de exercícios de meditação, mergulhe dentro de você e descubra a força de sua essência espiritual e da sabedoria. Experimente e verá como você pode desfrutar de saúde, paz e felicidade desde já.

Série CALUNGA

• Prece da Solução
• Chegou a sua Vez!
• Presença
• Tá Tudo Bão!
• Teu amigo

Série PALESTRAS

• Meu Amigo, o Dinheiro
• Seja Sempre o Vencedor
• Abrindo Caminhos
• Força Espiritual
• A Eternidade de Fato
• Prosperidade
• Conexão Espiritual
• S.O.S. Dinheiro
• Mediunidade
• O Sentido da Vida
• Os Homens (somente para mulheres)
• Paz Mental
• Romance Nota 10
• Segurança
• Sem Medo de Ter Poder
• Simples e Chique
• Sem Medo de Ser Feliz
• Sem Medo da Vida
• Sem Medo de Amar
• Sem Medo dos Outros

Série REALIZAÇÃO

Com uma abordagem voltada aos espiritualistas independentes, eis aqui um projeto de 16 CDs para você sintonizar-se com o Poder Espiritual para práticas espirituais de prosperidade.

Série VIDA AFETIVA

1 – Sexo e Espiritualidade
2 – Jogos Neuróticos a Dois
3 – O que Falta pra Dar Certo
4 – Paz a Dois

Série LUZES

Coletânea com oito CDs em dois volumes

Este é um projeto idealizado pelos espíritos desencarnados que formam no mundo astral o Grupo dos Mensageiros da Luz. Nesta coletânea, trazemos essas aulas, captadas ao vivo, para que você também possa se juntar às fileiras dos que sabem que o mundo precisa de mais luz.

Série ESPÍRITO

1 – Espírito do Trabalho
2 – Espírito do Dinheiro
3 – Espírito do Amor
4 – Espírito da Arte
5 – Espírito da Vida
6 – Espírito da Paz
7 – Espírito da Natureza
8 – Espírito da Juventude
9 – Espírito da Família
10 – Espírito do Sexo
11 – Espírito da Saúde
12 – Espírito da Beleza

LUIZ ANTONIO GASPARETTO EM MP3

• O Poder Espiritual Inteligente – 4 palestras
• Conexão Espiritual – 4 palestras
• Tudo Tem Seu Preço/Terminar é Recomeçar/A Lei do Fluxo – 3 palestras
• Eu e o Universo/Resgatando o meu Eu/Estou Onde me Pus – 3 palestras
• Se dando a vez/Sem drama/Regras do Amor inteligente/Deus em mim – 4 palestras
• Caminhando na Espiritualidade – curso em 04 aulas

LUIZ ANTONIO GASPARETTO EM DVD

• O Mundo em que Eu Vivo

Este DVD traz momentos inesquecíveis da palestra do Calunga, proferida em 26 de novembro de 2006, no Espaço Vida & Consciência/SP.

• Pintura mediúnica – Narração de Zibia Gasparetto

Luiz Gasparetto e os mestres da pintura em um evento realizado no Espaço Vida e Consciência/SP em novembro de 2009.

OUTROS AUTORES (Nacionais)

Conheça nossos lançamentos que oferecem a você as chaves para abrir as portas do sucesso, em todas as fases da sua vida.

Ana Cristina Vargas
(ditado por José Antônio)
• A Morte é Uma Farsa

(ditado por José Antônio e Layla)
• Em Busca de Uma Nova Vida

Ernani Fornari
• Fogo Sagrado

Evaldo Ribeiro
• Eu Creio em Mim

Liliane Moura
• Viajando nas Estrelas

Lousanne de Lucca
• Alfabetização Afetiva

Lucimara Gallicia
(ditado por Moacyr)

• Sem Medo do Amanhã
• O Que Faço de Mim?

Lucio Morigi e Luiz Gasparetto
• Revelação da Luz e da Sombra

Marcelo Cezar
(ditado por Marco Aurélio)

• A Vida Sempre Vence
• Só Deus Sabe
• Nada é como Parece
• Nunca Estamos Sós
• Medo de Amar
• Você Faz o Amanhã
• O Preço da Paz
• Para Sempre Comigo
• A Última Chance
• Um Sopro de Ternura
• O Amor é para os Fortes

Maria Aparecida Martins
• A Nova Metafísica
• Conexão – "Uma nova visão de mediunidade"
• Mediunidade e Auto-Estima

Mônica de Castro
(ditado por Leonel)

• Uma História de Ontem
• Sentindo na Própria Pele
• Com o Amor não se Brinca
• Até que a Vida os Separe
• O Preço de ser Diferente
• Greta
• Segredo da Alma
• Giselle – A Amante do Inquisidor
• Lembranças que o Vento Traz
• Só por Amor
• Gêmeas
• A Atriz
• De Todo o Meu Ser

Siria Maria Mohamed
• Kiwi – O Pintinho Diferente

Valcapelli
• Amor Sem Crise

Valcapelli e Gasparetto
Metafísica da Saúde
• Sistemas respiratório e digestivo (vol. 1)
• Sistemas circulatório, urinário e reprodutor (vol. 2)
• Sistemas endócrino (incluindo obesidade) e muscular (vol. 3)
• Sistema nervoso (incluindo coluna vertebral) (vol. 4)

OUTROS AUTORES (Internacionais):

Arrisque-se para o novo e prepare-se para um surpreendente caminho de autodescoberta.

Bärbel e Manfred Mohr
• Sabedoria do Coração

Bärbel Mohr
• Guia do Verdadeiro Milionário

Carls F. Haanel
• Psicologia Nova

Christina Donnell
• Sonhos e Transcendência

Cris Griscom
• A Evolução de Deus

Eli Davidson
• De Derrotada a Poderosa

Ian Stevenson
• Reencarnação: Vinte Casos

Joan Sotkin
• Desenvolva seus Músculos Financeiros

John Randolph Price
• O Livro da Abundância

Etan Boritzer
• Coleção A Descoberta

Marc Allen
• O Livro da Realização – o Maior Segredo de Todos
• Sucesso para um Preguiçoso

Mathew McKay e Patrick Fanning
• Autoestima

Michel A. Singer
• Alma Livre

Nikki de Carteret
• O Poder da Alma

Sandra Ingerman
• Resgate da Alma
• Cure Pensamentos Tóxicos
• Jornada Xamânica

Sanhara Saranam
• Deus sem Religião

Serge Kahili
• Xamã Urbano

Composta por dez livros, apresenta temas como amor, morte, paz, amizade, entre outros, que favorecem pais e/ou educadores com a oportunidade de intensificar o diálogo com a criança, falando de temas tão importantes para a formação da sua personalidade. O processo de descoberta de todos esses sentimentos desperta a beleza de nossa essência que se desenvolve por toda a eternidade.

Joachim Masannek
• Feras do Futebol Clube

Coleção composta por treze livros, cada um narrado por um personagem diferente. Os membros do Feras vivem de forma intensa o futebol e fazem questão de demonstrá-lo em cada volume.

Saiba mais

Acesse o nosso site: **www.vidaeconsciencia.com.br**

ESPAÇO VIDA & CONSCIÊNCIA

É um centro de cultura e desenvolvimento da espiritualidade independente. Acreditamos que temos muito a estudar para compreender de forma mais clara os mistérios da eternidade.

A Vida parece infinitamente sábia em nos dotar de inteligência para viver com felicidade, e essa me parece a única saída para o sofrimento humano.

Nosso espaço se dedica inteiramente ao conhecimento filosófico e experimental das Leis da Vida, principalmente aquelas que conduzem o nosso destino.

Acreditamos que somos realmente esta imensa força vital e eterna que anima a tudo, e não queremos ficar parados nos velhos padrões religiosos que pouco ou nada acrescentaram ao progresso da humanidade.

Assim, mudamos nossa atitude para uma posição mais cientificamente metodológica e resolvemos reinvestigar os velhos temas com uma nova cabeça.

O resultado é de fato surpreendente, ousado, instigador e prático.

É necessário querer estar à frente do seu tempo para possuí-lo.

Luiz Antonio Gasparetto

Mais informações:
Espaço Vida e Consciência – SP
Rua Salvador Simões, 444 – Ipiranga – São Paulo – SP
CEP 04276-000 – Tel./Fax: (11) 5063-2150
Espaço Vida e Consciência – RJ
Rua Santo Amaro, 119 – Glória – Rio de Janeiro – RJ
CEP 22211-230 – Tel./Fax: (21) 3509-0200
E-mail: espaço@vidaeconsciencia.com.br
Site: www.vidaeconsciencia.com.br

INFORMAÇÕES E VENDAS:

Rua Agostinho Gomes, 2312
Ipiranga • CEP 04206-001
São Paulo • SP • Brasil
Fone / Fax: (11) 3577-3200 / 3577-3201
E-mail: editora@vidaeconsciencia.com.br
Site: www.vidaeconsciencia.com.br